똥꽃 농부 전희식의

# 습관 된 나를 넘어

똥꽃 농부 전희식의

# 습관 된 나를 넘어

**초판 1쇄 발행** 2022년 10월 31일

**지은이** 전희식
**그림** 금한결
**펴낸이** 구주모

**편집책임** 김훤주
**디자인** page9
**유통·마케팅** 정원한

**펴낸곳** 도서출판 피플파워
**주소** (우)51320 경상남도 창원시 마산회원구 삼호로38(양덕동)
**전화** (055)250-0190

**홈페이지** www.idomin.com
**블로그** peoplesbooks.tistory.com
**페이스북** www.facebook.com/pepobook

ISBN 979-11-86351-52-9 03120

똥꽃 농부 전희식의

# 습관 된 나를 넘어

전희식 글 · 금한결 그림

도서출판
**피플파워**

# 여기는 어딘가

　책 나올 때 안됐느냐고 묻는 사람이 있고, 책을 또 내냐고 묻는 사람도 있습니다. 저는 책 낼 때가 됐다고 생각해 본 적은 없습니다. 첫째는 제 글에 대한 자신 없음입니다. 둘째는 제 글이 그동안 냈던 책이랑 크게 다르지 않다는 점이고 셋째는 사람들이 책을 사보는 대신 오디오북이나 유튜브를 많이 이용하기 때문입니다. 넷째는 '이음'이나 '책바다' 서비스 등 도서관 이용이 너무도 편리해서입니다. 저도 책을 사기보다 도서관에서 빌려보는 빈도가 높아졌습니다.

　이 책 원고를 정리하면서 자주 든 생각이 있습니다. 사람들은 책을 고를 때 어떤 기준으로 고를까. 제목에 먼저 끌릴까. 반복되는 광고에 끌릴까. 친구의 추천에 끌릴까. 책의 서문, 또는 책을 아무 데나 펼쳐서 훑어보는 몇 문장에 이끌려 책을 살까? 등입니

다. 책을 내게 되니까 그런 생각을 하게 되네요.

이런 생각도 들었습니다.

자기계발서나 영성 관련 책을 보면서 가장 아쉬웠던 것이기도 한데요. 왜 나한테는 절체절명의 위기가 없는가입니다. 서점가를 휩쓰는 영성가 대부분은 바닥까지 추락한 경험이 있습니다. 신체 적으로는 불치병을 앓거나 임사체험을 할 정도로 병약했습니다. 정신적으로는 방황의 끝자락을 헤매는 기간이 지루하고 길었습니 다. 그들이 바닥을 박차고 부상하는 대목을 접하면 자연스럽게 이 도 저도 아닌 어중간한 내 모습과 비교됩니다. 생사를 다투는 절 박한 위기를 그리워하는 이 심리. 이건 뭘까요. 어린애도 아니고 말입니다.

어린 시절에 백설공주를 읽을 때는 내가 책의 주인공처럼 키

작고 못생겼으면 좋겠다는 생각도 했습니다. 그러면 백설공주를 만날까 싶어서요. 고구려 주몽 설화를 읽을 때는 어머니에게 내가 혹시 알에서 태어나지 않았느냐고 물었다가 야단맞은 기억도 있습니다.

공부에는 게으르면서 영적으로 크게 도약하고 싶은 마음. 글에는 자신이 없으면서 책은 많이 팔리기를 바라는 마음입니다.

때론 삶의 경이를 만나기도 합니다. 오늘, 2022년 8월 31일 오전에 독서 모임에서 책 읽을 때였습니다. "제트기의 항로를 끊임없이 바로잡아 주는 컴퓨터 네비게이터처럼 성령은 언제나 당신을 바로잡아 주고 있습니다."라는 구절을 읽을 때 신호가 왔습니다. 입춘 지난 연못 얼음장에 금이 가듯 가슴이 쩍 펴지는 느낌이 왔습니다.

이어지는 "당신이 어떤 짓을 하는 것처럼 보이건, 어떤 영적 수준에 있는 것처럼 보이건 상관없이 말입니다."라는 글을 읽을 때였습니다. 숨이 막히고 오열했습니다. 순식간의 일입니다. '……것처럼 보이건'이라는 대목이 두 번 되풀이할 때가 결정적이었습니다. '어떤 짓을 하건'과 '어떤 짓을 하는 것처럼 보이건'은 전혀 다른 말씀입니다. '어떤 영적 수준에 있건'과 '어떤 영적 수준에 있는 것처럼 보이건'은 전혀 다른 말씀입니다. 모든 것은 그러할 '뿐'이라는 말입니다.

내가 어둠의 골짜기를 헤맬지라도 내가 어둠은 아니라고 하는 것입니다. 어둠에 묻혀 어둠처럼 보일지라도 나는 어둠일 수 없다는 말씀으로 들렸습니다. 사랑으로 끝없이 품어주는 그리스도의 은혜라고나 할까요. 그런 걸 느꼈습니다. 끝없이 용서받는 느낌도 들었습니다. 〈기적수업〉 독서 모임입니다.

두 달쯤 전입니다.

'존재의 경이로움에 눈을 뜬 나는 일이 일어나는 방식과 그 모든 것의 아름다움에 그 완전함에 기쁨과 놀라움을 느끼며 행복하다'라는 글을 받았습니다. 스물너댓 사람이나 모인 자리에서 행사를 마치고 사람 수만큼의 가지가지 선물이 나눠지는데 기다란 두루마리 한지에 쓴 이 글을 제가 받으면서 온몸이 얼어붙는 줄 알았습니다. 작년 가을 어느 날에 긴장된 걸음으로 어느 분을 만나는 자리에서 처음으로 이 글도 만나게 되었습니다. 자리가 자리니만큼 울림이 너무 크기에 외워버렸던 문장입니다.

이런 문장을 전혀 엉뚱한 자리에서 액자에 넣기만 하면 될 정도의 빼어난 붓글씨로 써진 걸 받은 것입니다. 경이롭습니다.

그즈음, 신문사 원고 마감을 앞두고 여러 날에 걸쳐 글을 썼는데 며칠 출장을 가게 되면서 그 글을 제게 이메일로 보냈습니다. 출장지에서 교정만 보면 되는 상태였습니다. 그런데 이게 웬일인가요. 아무리 찾아도 메일이 없었습니다. 임시보관함에도 없었습니다. 초긴장 상태가 되었습니다. 입이 타고 심장 소리가 커졌습니다. 벼랑 끝에 선 기분이었습니다.

십수 년 동안 원고 마감을 한 번도 어기지 않았던 필자의 관록과 자존심을 포기하고 담당 기자에게 전화를 걸었습니다. 전화를 안 받아서 문자를 보냈습니다. 형장에 끌려가는 죄수 같은 심정으로 "오늘 원고가 불가능합니다"라고 썼습니다.

좀 있다 담당 기자의 전화가 왔습니다. 내 문자도 못 읽고 전화부터 한 것이었습니다. 아침 편집회의가 길어져서 전화를 못 받았다면서 특종 뉴스가 있어서 내 글이 한 주 밀렸다면서 너무도 죄송하다고 했습니다. 양해를 구하는 그에게 나는 얼마든지 곱빼기로 양해해 드린다고 했습니다.

이처럼 삶의 질곡과 경이는 같은 본질의 양 측면이 아닐까 합니다.

뭔가에 접촉하는 순간 긴장하거나 욕심이 일거나 두려움이 생기는 것은 기억 때문입니다. 긴장과 두려움이 자기 생존에 효과가 있었거나 앞으로도 유리하다고 믿는 종류의 기억이 있어서입니다.

감동과 감사가 솟아나는 것도 기억 때문입니다. 기대가 충족되거나 보상이 주어지던 기억에서 비롯된 것입니다. 기억은 경험의 일부에 불과합니다. 세상 만물이 한 몸 평화로 보이는 것도 경험에 토대한 기억 때문입니다. 직접경험, 간접경험, 상상 속의 경험들은 쌓여서 습관이 됩니다. 습관이 되면 쉽고 친숙합니다. 우리의 감정이나 생각, 행동은 습관으로 코딩된 반응입니다. 따라서 우리 현실은 습관 된 경험치라고 할 수 있습니다.

이 책 '습관 된 나를 넘어'는 이를 거부하는 것입니다. 기억으로 코딩된 현실을 재설정하자는 것입니다. 초기화를 한다는 것이

지요. 습관은 나이만큼 살아온 삶의 궤적입니다. 어쩌면 전생으로 세세생생 이어진 것일 수도 있습니다. 이를 넘어보자는 게 이 책입니다.

뭇 자기계발서들처럼 우주원리를 설명하거나 세상살이의 인과를 해명하려 하지 않고 사람살이 숨결을 생생하게 전하는 것에 주안점을 뒀습니다. 제가 겪고 깨친 것을 글로 담았습니다. 나머지는 모두 독자의 몫으로 남기고자 했습니다. 이럴 때는 이렇게 하면 된다면서 번호를 매겨주는 자기계발서들과는 다른 책이 되고자 했습니다.

습관 된 나를 넘어서는 것은 내가 누군지를 찾는 일에서 시작됩니다. 숨과 밥과 깨우침. 그리고 기도라고 봅니다. 느낌과 감정과 생각과 말과 글. 표정과 행동. 이 모두가 기도입니다. 말은 주문이고 글은 부적입니다. 기도로 새로운 나를 완성하도록 책을 꾸몄습니다.

내가 있는 여기가 어디인가. 글 속에 있는가. 글을 쓰는 곳인가. 쓴 글을 읽는 순간의 이곳인가. 나는 어디에 있는가를 항상 묻고 있는 책이 되었으면 합니다. 그래서 습관으로 굳어져 있는 자기를 넘어서는 디딤돌이 되었으면 합니다.

촉박하게 요청했는데도 흔쾌히 삽화를 그려주신 금한결 님에

게 특별한 감사를 전합니다. 젊은이의 신선한 필치가 그대로 배어
난 그림들입니다. 출간을 결정해 주신 도서출판 피플파워의 김훤
주 국장님. 늘 고맙습니다. 글을 다듬어 주신 출판사 직원과 별도
로 교정을 봐주신 지인 몇 분께도 감사드립니다. 무엇보다 하던
일을 멈추고 책 표지의 밑그림을 그려주신 후배님께 곡진한 감사
를 드립니다.

　장수문화원에서 문화예술진흥사업으로 이 책의 출간을 후원
했습니다. 정말 고맙습니다.

2022년 8월 말

덕유산 기슭에서 목암 전희식 모심

나는 들었다.
멀건 대낮에 원효의 스승인 대안스님이
등불을 들고 다녔다고 들었다.
사람을 찾느라고 등불을 들었다고 들었다.
뭘 놓치고 있는지, 뭘 붙들고 있는지조차 모르면
등불을 들 생각도 안 할 것이다.

나를 찾아서

# 내 헛발질과
# 주관이라는
# 허상

주관이 앞서면 그것을 자기 자신으로 오인하기 쉽다. 몸, 생각, 느낌 등은 결코 자기 자신일 수 없다. 자기만의 견해, 자기만의 시각을 주관이라고 한다. 이때 '자기'는 매우 경계해야 하는 대상이다. 기억과 경험과 제한된 지식에 얽혀있는 불안정한 존재다. 실체조차 의심스러운 대상이다.

원하는 방향으로 공을 차 내지 못한 데 그치지 않고 엉덩방아까지 찧는 게 헛발질 망신이다. 공을 차야 할 발이 빗나가서 신발이라도 벗겨져 하늘로 솟구치면 상대방 관중석에서 터지는 환호성은 우리 편의 야유와 탄식에 뒤엉켜 헛발질 선수를 더 쑥스럽게 만든다.

실제 나는 초등학교 5학년 때 학교 대표로 읍내의 공설 운동장에 섰다가 그런 일을 겪었다. 지독한 산골 촌놈이 처음으로 면

경계를 넘어 함양 읍내까지 진출한 게 무리였다. 있는 힘을 다해 내질렀는데 신발짝이 공보다 더 멀리 날아가는 묘기를 부린 것이다. 형이 신던 낡은 운동화를 어머니가 바늘로 겹겹이 꿰매 주신 은공도 무색하게 운동장에서 몇 번 나대자 실밥이 터져버렸고 꿰맨 운동화는 무한 자유를 얻어 창공을 날았다. 그러고도 경기에서 이겼다면 기네스북에라도 올랐으리라.

우리 봉전 초등학교 대표팀은 씨름, 노래자랑, 주산 놓기, 암산, 고전 읽기 등 모든 부문에서 우승 트로피를 다 양보 당했다. 빈 손, 무소유의 정신을 일찌감치 실현했다. 그래도 기대를 걸었던 축구팀이 첫 경기에서 탈락의 쓴잔을 마신 건 내 헛발질이 크게 기여를 했다고 본다.

최근에도 헛발질을 했다.

살아오면서 했던 내 인생의 헛발질이 셀 수도 없이 많지만 드러난 것보다 안 드러난 것이 많은데 이번 헛발질은 만천하가 다 알아버렸다. 돌이킬 수도 없었던 헛발질은 단체 카톡방이었다.

앞선 문자들이 오간 사연은 알 길이 없고, 표정도 감정도 없는 단체 카톡방의 문자는 이런 사고를 일으키기에 안성맞춤이다. 내가 오랜만에 들어가 본 그 단톡방은 30여 명이 모여있는 곳이다. 가장 마지막에 있는 문자가 내 눈길을 붙들았다. '정O희'라는 여성의 이름이었다. 정O희씨가 프랑스에서 된장 20킬로그램을 우체국 택배(배편)로 보내달란다고 누가 문자를 올린 것이다. 문자를 올린 사람을 편의상 'ㄱ'이라고 하자.

'ㄱ'의 문자는 다른 설명이 없었다. 누구를 지목하지도 않았고 어떻게 된장을 마련하자는 제안도 없었다. 그냥 정O희씨의 프랑스 주소만 같이 올렸다. 이 여성의 이름을 특별히 내가 주목하는 것은 내 친구의 동생인데다가 작년 가을에 캐나다에서 귀국하여 국내에서 결혼식을 올린 우리 딸의 짝궁이 프랑스 청년이라 통역을 이분에게 맡기게 되는 일이 있어서였다.

더구나 2017년 남북관계에 물꼬가 트일 때 이 여성은 프랑스 국적이라 북한을 서너 번이나 여행을 다녀와서 입에 침이 마르도록 북한의 생생한 일상을 전해 주기도 했었다. 프랑스에서 한인 단체의 수장도 했던 여성이다.

'ㄱ'의 문자가 올라온 뒤로 하루가 지나도 반응이 없었다. 사공 없는 조각배처럼 프랑스 주소와 된장 20킬로그램이 두둥실 방치되어 있었다. 외로워 보였다. 표류 중인 난파선 같았다. 된장이 아니라 정O희씨가 말이다. 내 눈에 그렇게 보였다. 이때가 내 헛발질이 시작되는 시점이기도 하다.

우선 된장을 알아봤다.

이왕이면 안부 전화 생색도 내고 오랜 무소식의 죄송함을 벗을 양으로 고향인 함양의 안의 안심마을에 계신 된장의 달인인 노령의 외숙모께 전화를 걸었다. 바로 전화가 연결됐으나 된장 달란 말을 차마 꺼내지 못했다. 그 말을 하기엔 일상 안부 묻는 데에 너무 시간을 써 버렸다. 뒤늦게 된장 이야기 꺼내기에는 내 안부 전화에 감동한 외숙모에 대한 배신 같은 생각이 들었다. 다음 날 시치미 뚝 떼고 전화해서 된장 얘기할 생각으로 전화를 끊었다. 첫 헛발질이었다.

단체 카톡방 회원들에게 전화를 돌렸다. 두 번째 헛발질이었다. 친구들 몇몇은 관심이 없었다. 그녀가 왜 요청 글을 직접 올리지 않고 굳이 'ㄱ'을 통해 단톡방에 올렸는지 아는 사람도 없었다. 'ㄱ'은 전화를 받지 않았다.

된장만 구해서 되겠는가. 왜 그녀가 배편 택배를 원했는지 알아봐야 했다. 항공 수화물은 된장을 취급하지 않아서인지 아니면 선박 택배가 값이 싸서인지 알아보았다. 알아보나 마나 뻔했지만 여기저기 알아봤더니 짐작과 똑같았다. 세 번째 헛발질이었다.

겨우 연결이 된 'ㄱ'의 설명을 듣고 내 헛발질의 전모가 드러났다. 정O희가 국내에 머물 당시에 여럿이 모여 된장을 같이 담았고 그 된장을 보내는 실무 일을 맡은 친구가 있는데 개인 카톡을 보낸다는 게 실수로 단톡방에 올린 것이라고 했다.

망신 주는 사람 하나 없었으나 줄기차게 내지른 헛발질을 고스란히 알고 있는 나는 외숙모에게 된장 얘기 안 꺼낸 걸 다행이라 여기고 위안 삼았다.

해외 교포(?)를 위한다는 마음, 그 잘난 우쭐거림은 추정과 넘겨짚기를 거쳐서 견고한 단정을 이어갔다. 하나의 단정은 다른 단정을 낳고 연이어 새로운 추정을 기정사실로 확정해 가면서 나라라도 구하겠다는 결기로 된장을 찾아 나서다 생긴 일화다.

간단한 기초 사실만 확인하고 시작했더라면 이렇게 이틀 동안 헛 힘을 쓰진 않았으리라. 경험과 기억이 조직되어 체계적으로 쌓아 올린 게 지식이다. 지식은 허구다. 실재가 아니다. 실재란 존재하지 않는다. 의식만이 실재다. 지금의 느낌만이 실재다. 헛발질의 메커니즘은 없는 걸 있다고 하는 가정에서 출발한다. 개인의 반복된 경험치에는 맞을 수 있으나 경험이라는 것은 자주 맹신과 헛발질의 근원도 될 수 있음을 같이 볼 수 있어야 할 것이다.

# 스마트폰을
# 내려놓고
# 나를 찾다

기술 발달의 속도가 특이점을 향해 치닫고 있는데 앞으로 사람들끼리 약속의 풍속은 어떻게 바뀌어 갈까? 하나의 약속이 체결되기까지 걸리는 시간과 약속에 대한 믿음, 그 약속의 이행률이 빠르게 바뀌고 있다. 내게는 과학적인 기법으로 이를 연구해 볼 능력도 없고 그럴 겨를도 없다. 다만, 분명한 것은 사람 냄새가 옅어져 갈 것이라는 불길한 예감이다. 20~30년 단절된 인연을 한순간에 이어주기도 하나 편지나 유선전화로 어렵게 인연을 맺고 약속 날짜를 기다리던 설렘과 그리움은 복원되지 않을 전망이다.

재미있는 연구 주제가 하나 떠올랐다. 스마트폰의 등장과 함께 사람 사이의 약속 이행률이 어떻게 달라졌는가에 대한 주제다. 아무도 연구한 적이 없는 주제일 것이다. 스마트폰을 유용하게 쓰던 시절은 다 갔다고 보면 된다. 스마트폰과 사람의 관계가 역전

되어 스마트폰이 주인의 감정과 기분까지 쥐락펴락한다고 여겨진다. 주인의 그 날 일정도 좌지우지하는 실정이다.

스마트폰이 일상을 지배하면서 달라진 생활 풍속이 한둘이 아니지만 사람 사이의 약속 이행률도 그렇고 약속이 맺어지는 유형도 사뭇 달라진 것으로 보였다. 이런 주제를 떠올린 것은 작은 사건이 발단이었다.

오후가 되었을 때다. 놓친 전화가 있었는데 화면을 보니 강원도에 사는 친구였다. 전화 온 때가 채 한 시간이 되지 않은 것을 확인하고 부랴부랴 전화를 걸었다. 친구는 전화가 연결되기 바쁘게 내가 집에 있는지를 물었다. 그렇다고 하니 길게 탄식하며 아쉬워했다. 방금 고속도로를 지나면서 생각이 나서 전화했는데 안 받아서 그냥 지나쳐 갔다는 것이다. 통화가 됐으면 분명 나들목으로 빠져서 우리 집으로 올 작정이었나 보다.

요즘은 이런 식의 소통이 많은 듯하다. 예전에 비해서 약속이 즉흥적으로 이뤄지는 경우가 많다. 어쩌다 외부 일정이 있어서 다른 지역에 갔다가 짬이 나면 여기저기 연락을 한다. 차를 한 잔 하자든가, 밥이라도 한 끼 하자는 가벼운 의사 타진이다. 문자 답변이 바로 없으면 두세 사람 연락을 더 한다.

그러다 사달이 난다. 두 군데서 동시에 오케이라는 답신이 올 때다. 연락을 먼저 했으니 취소할 수도 없다. 약속 시간대를 정교하게 엇갈리게 잡아 보다가 그것이 여의치 않으면 결국 하나는 취소해야 한다. 스마트폰 탓에 하루 일정이 출렁댄다. 귀가 시간이 늦는다고 집으로 연락도 해야 한다.

이런 일을 몇 번 겪으면서 나는 예방책으로 하루의 생활 원칙을 세워보았다. 아침에 일어나서 하루 일정을 확인해 보고 이것 외에는 어떤 즉흥 일정도 잡지 않겠다는 원칙이었다. 이렇게 하니 하루가 매우 여유로워졌다. 처음부터 여유있게 하루 일정을 짜 놓으면 그날 하루는 정말 홀가분하고 실속있게 보낼 수가 있었다.

### 낮아지는 약속 이행률

즉흥으로 만들어지는 약속은 이행률도 문제가 생긴다. 스마트폰이 늘 손바닥에 있다 보니 가볍게 약속하고 손바닥 뒤집듯이 취소한다. 몇 년 전에 유력한 전문지에 실린 어떤 연구보고서를 봤었다. 이동 수단이 발달하면서 사람 사이 소통의 질이 현저히 떨어졌다는 내용이었다. 기대와 다른 결과다. 신속한 이동은 원활한 소통의 소중한 수단이 될 줄 알았는데 결과는 반대라는 것이다.

우회도로가 생기면서도 출발점과 도착점을 연결하는 단선 소통만 이뤄지고 이동 과정에 열려 있던 풍부한 소통들은 죄다 차단된다는 내용이다. 지역 상권도 죽었다고 한다. 신속한 이동을 선택한 대신에 치른 값비싼 대가들이다. 스마트폰은 더 많은 변화를 몰고 왔다. 더 많은 대가를 치렀다.

스마트폰이 있어서 약속의 진중함이 적어졌다. 보험용으로 두

세 개의 약속을 중복해 맺기도 하고 약속 이행이 어렵게 되면 기약 없는 훗날을 담보로 쉽게 취소한다. 카톡이 있고 다른 사회 소통방이 많기 때문이다. 버튼을 누르면 언제든지 영상통화도 되니까 약속 파기를 크게 아쉬워하지도 않는다.

똑똑하고 충직하고 늘 대기 상태인 '스마트' 폰 덕분에 치르는 대가들이 또 있다. 침침해진 시력, 거북이 목, 운동 부족과 소화불량, 가벼운 두통, 교통사고의 빈발. 헛약속을 만들고 취소하느라 허공으로 흩어져 버린 에너지들. 긴장과 기대와 흐트러짐 등.

몸의 움직임은 둔해지고 머릿속은 새로운 약속의 순위를 매기느라 복잡하다. 먼지처럼 날리는 약속들이 스마트폰 속 달력에 빼곡하게 차오른다. 이행률에 대한 장담은 없다. 몸에 짝 퍼져있는 신경망처럼 스마트폰으로 연결된 거미줄 같은 연결점들이 뇌 회로를 과도하게 휘젓는다. 까맣게 잊었거나 나와는 관계가 없는 일들이 문득 내 의지와 무관하게 솟아난다. 스마트폰이 이렇게 오늘도 나를 흔들어댄다.

스마트폰뿐만이 아니다. 빛도 한 역할 한 지 오래다. 빛이 잠자리까지 침범하는 일상이 계속된다. 나는 '과핍시대'를 우려한다. 너무 넘치다 보니 결국 모자라는 시대 말이다. 사람들과 함께 역사 유적지를 답사하러 간 날의 일이다. 촘촘한 하루 일정이 하도 고단하여 젊은이들의 만류를 뿌리치고 숙소로 돌아오자마자 잠자리에 누웠다. 하지만 쉽게 잠들지 못했다. 코골이나 이갈이 때문이 아니었다. 같은 방에 든 일행 대부분이 이불 속에 누워서 스마트폰을 보고 있었고, 네모난 액정에서 나오는 불빛이 계속 의식됐기 때문이다. 결국 손수건을 꺼내 안대처럼 두르고 잠을 자야 했다.

새벽에 일어나 안대를 걷었다. 여기저기 이불들 끝자락에서 여전히 새하얀 빛무리가 퍼져 나오고 있었다. 밤새 어둠에 젖어 동공이 커져 있는 내 눈을 날카롭게 찔러왔다. 다들 꼭 뭐가 필요해서라기보다 그냥 습관적으로 메신저를 열어보고 뉴스를 읽고 유튜브를 시청하는 듯했다.

나는 어둠보다는 빛을 좋아하고, 어느 명상 단체 이름처럼 '신성한 빛의 전령사'로 살아가고자 다짐한 적도 있지만 이 순간의 빛은 명백한 공해였다. 컴퓨터의 모니터보다 빛의 세기가 몇 배 더 강하다는 스마트폰. 그 문명의 빛이 시간과 장소를 가리지 않다 보니 고통의 진원지가 되고 있던 것이다. 각종 전자기기와 과도한 조명에서 쏟아지는 빛은 매연이나 페놀, 미세먼지처럼 '공해'가 된 지 오래다. 이제는 이불 속 잠자리까지 파고들고 있다.

야간 조명도 문제가 된 지 오래다. 야외 광고판이나 가로등, 상점의 입간판들에서 나오는 빛은 숙면을 방해하는 것에 그치지 않는다. 과도한 빛은 시력을 망가뜨린다. 순간적인 판단 정지도 유발한다. 심야에 운전하다가 상대편 자동차의 상향등을 마주했을 때 현상이다. 두통과 암을 유발한다는 연구 결과도 있다. 내가 젊었던 시절, 군사정권 때 받았던 고문 중 빛에 대한 기억이 새삼 떠오른다. 한밤중에 두들겨 깨워서는 서치라이트 같은 빛을 쬐면서 심문하는 짓이었다.

## 넘치다 보니 결국 모자라는 과잉시대

하늘의 별이 사라진 것도 따지고 보면 빛 때문이다. 깜깜해야 할 밤을 대낮처럼 환하게 만들어버리니 별이 못 살게 됐다. 시골도 예외가 아니다. 교량이나 건물, 공원까지 야경을 조성한다고 색등을 켜놨다. '별이 빛나는 밤'이 우리의 가슴속에서도 사라지다 보니 꿈도 없는 삶이 되었다.

모든 공해가 그렇듯이 빛에 심하게 노출되는 것이 일상화되면 스트레스가 늘고 인내심이 줄어들고 짜증과 공격성도 는다고 한다. 빛 공해는 사람에게만 해당치 않는다. 밤에는 광합성을 쉬면서 녹말을 축적해야 하는 식물들의 쉬는 시간인데 가로등 불빛이 이를 방해한다. 야행성 동물들은 먹이를 찾거나 이동할 때 빛은 도리어 큰 장애가 된다고 한다.

십여 년 전, 2011년도에 탈핵 연수 일로 독일을 갔을 때였다. 베를린 공항에 내렸을 때 밤이 깊었는데 시내로 가는 길이 무척 어두웠다. 가로등이 꺼져 있었다. 다른 지역도 마찬가지였다. 열흘 동안 둘러본 독일 대부분 지역의 밤은 어두웠다. 식물들을 배려하는 것과 에너지 절약 정책이 있어서다. 에너지 절약은 기후변화 대응책이기도 하다. 그곳에서는 나무를 칭칭 감아 반짝이 등을 설치하는 걸 상상도 못 할 식물학대로 여겼다.

실내등과 가로등도 갓이 씌워져 있었다. 천정이나 외부로 빛이 삐져나가 빛 낭비가 없도록 한 것이다. 애꿎은 빛 피해가 생기지 않도록 배려하고 있었다. 빛은 아래로만 반사하도록 하니 더 환했다. '문트'라는 환경단체 사무실에 갔더니 빛의 밝기를 조절하는 다이얼이 등마다 달려 있었다. 자연히 우리나라의 조명 습관과 비교가 되었다. 업소뿐 아니라 가정집에도 전력 소비가 큰 등을 여러 개 나란히 달고는 그 앞에 차단막을 쳐서 눈부시지 않고 은은한 간접 조명이 유행인 우리와 비교되던 것이다.

놀라운 것은 건물의 단열과 실내조명도 기준을 정해서 관리하는 점이었다. 기준을 충족하면 세제 혜택도 주고 있었는데 이는 서울시에서 2008년부터 당시의 박원순 시장이 의욕적으로 도입한 '건물 에너지 효율화 사업'과 비슷했다. 서울시는 당시에 단열 창호, 단열재, 보일러, 조명, 환기설비 등 분야에서 에너지 효율을 높인 건물은 공사비의 100%를 무이자로 융자지원 했었다.

에디슨이 전구를 발명했을 때는 밤마저 정복한 인간의 쾌거라고 칭송했건만 빛이 이 같은 신세가 될 줄 누가 알았겠는가. 뭐든 지나치면 모자람만 못하다는 격언이 헛말이 아니다. 나는 이를 '과핍시대'라 부른다. 넘쳐서 결국 모자라는 시대.

소비와 물질적 풍요와 생산이 넘쳐서 쓰레기가 넘쳐나고 그래서 지구의 안위가 위험한 시대. 먹는 음식이 넘치다 보니 비만과 성인병과 병원비가 과도해지고 그래서 건강이 위태로운 시대. 택배 시스템이 과도하게 발달한 때문에 개별포장도 넘치고 쓰레기도 넘치고 환경은 파괴되는 시대.

최근에 인상적인 광고판을 봤다. 인상적이라기보다 놀랍다는 표현이 맞다. 경주에서다. 대기업이 운영하는 골프장 딸린 호텔이었다. "우리의 밤은 낮보다도 밝다"였다. 폭염과 폭우, 가뭄과 산불이 전 지구를 들쑤시고 있는데 이런 광고판을 버젓이 내걸 수 있는 무감각이 놀랍다. 낮보다도 더 밝은 야간 골프를 치러 가는 사람이 있나 보다. 우리는 지금 뭘 잃고 뭘 거머쥐고 있는가. 양손으로 움켜쥐고 있는 것은 내가 선택한 것이 맞는가?

## 휴대전화의 정기 휴일

"휴대전화를 끊어보니 비로소 내 뜻대로 하루를 살 수 있네요. 오늘은 내 손전화가 쉬는 날입니다." 이 문장은 내가 휴대전화를 꺼 놓는 날에 카톡 프로필에 남기는 안내 문구다. '쉬는 날'이라고 써 놓고 보니 내 친구가 만든 노래인 '빨간 날'이 떠오른다. 일요일과 삼일절에 이어 부처님 오신 날이 빨간 날이라 좋다는 노래다. "내 생일도 빨간 날이었으면 좋겠다"라는 게 이 노랫말의 마지막 절이다.

학교 가기 싫거나 출근이 지옥 같을 날에 달력의 빨간 날은 숨통 트이는 쉬는 날이 된다. 내 생일 날에 더도 말고 덜도 말고 그냥 쉬면 좋겠다는 염원. 이해된다. 나도 휴일을 하나 만들었다. 보름여 된다. 따지고 보면 내 휴일이 아니다. 휴대전화의 휴일이다. 먹는 걸 쉬고 생각하는 걸 쉬며 지낸 1주 단식을 마치는 날에 크게 깨친 바가 있어 내 휴대전화에 휴일을 만들어 줬다. 내 손에 쥐여 뒷간까지 따라다녀야 하던 휴대전화가 이날은 해방되는 날이다.

전화 통화는 물론 문자나 카톡도 쉰다. '네이버'와 '다음'이 쉬니 뉴스도 쉰다. 당연히 유튜브도 쉰다. 즐겨 듣는 케이비에스 콩의 클래식 에프엠도 쉰다. 휴대전화가 안 보이면 어쩔 줄 몰라 하

던 내 불안증도 쉰다.

자비로운 주인장의 선심으로 쉬는 날이 생긴 내 휴대전화가 지구에 있는 휴대전화 중 유일하게 자기 휴일을 갖게 되어 얼마나 좋아하는지는 알 수가 없지만 내가 좋아진 것만은 확실하다.

내 앞에 앉아 있는 사람과 아무리 긴한 이야기를 나누던 중이라도 전화벨이 울리면 "잠시만요"라는 말을 하고는 누군지도 모르고 무슨 일인지도 모를 전화기부터 집어 들던 나를 보지 않게 됐다. 괜히 유튜브나 인터넷을 뒤적이다가 보게 되는 건강 채널, 정치 담론, 명상 채널, 쇼핑몰 순례 등에 내가 질질 끌려다니지 않아서 좋다.

휴대전화가 쉬는 날은 내가 보는 건지 휴대전화가 나를 보는 건지 주체와 객체가 뒤집히는 일이 없다. 이날은 생활의 유용한 도구여야 하는 휴대전화가 어느새 주인 자리를 넘보면서 주인의 생각과 감정과 하루 일정까지 쥐락펴락하는 일도 없다. 공짜 마일리지나 몇백 원 쿠폰에 눈이 멀어 함부로 누른 '동의합니다' 때문에 걸려 오는 마케팅 전화를 안 받아서 좋다.

이날은 내 뜻과 내 결정에 따라 내 하루가 작동한다. '연결의 과잉'을 끊어보니, 이렇게 좋을 수가 없다.

밴드나 텔레그램, 페이스북을 끊은 지 오래다. 인스타그램과 위챗도 지운 지 오래다. 그래도 아무 문제 없다. 카톡도 개인 문자 외에 단체 방에 올라온 글에는 반응하지 않는 것으로 정했다. 가

벼운 마음으로 내가 올린 단톡방 문자에 달리는 반응들에 신경을
곤두세우며 내가 일희일비하는 일이 없기를 바라서다.

내 동의를 얻지 않고 일방적으로 초청된 단체 카톡방은 쳐다
보지 않기로 했다. 과잉 연결이 공해가 된 지 오래라는 게 내 판단
이다. 노크도 없이 화장실 문을 여는 무례에 가깝다고 여긴다. 내
오감을 확실하게 내 관리 아래 두고, 꼬리에 꼬리를 물고 끝도 없
이 내 에너지를 빨아가는 것을 허락하지 않기 위해서 내가 내린
결정들이다. 연결의 과잉, 정보의 과잉은 참 앎을 방해한다. 나를
진짜로 필요로 하는 사람은 개인 연락이 온다. 그때 연결되어도
아무 탈이 없다.

내 휴대전화가 쉬는 날에 필요한 조치는 해 뒀다. 자동응답 앱
을 설정해서 전화를 건 사람에게 저절로 안내 문자가 보내진다.
카톡 프로필에도 준비된 몇 종의 안내문을 번갈아 올린다. "휴대
전화가 쉬는 날입니다. 제 휴대전화에도 휴일을 주기로 했습니다.
문자 남겨 주세요"다. 문자가 남겨져 있으면 내가 대답할 수 있는
때에 대답한다.

아울러 나는 내 문자에 바로 답이 안 와도, 내 전화를 잘 안 받
아도 그러려니 하고 넘긴다. 널리 알릴 게 있으면 단체 카톡방에
올리기보다 시간이 걸려도 개개인에게 하나씩 보낸다. 익명의 엔
분의 일(1/n)로 내가 전락하는 걸 막는 동시에 상대를 일일이 존귀
하게 여기고자 한다.

이렇게 하는 것은 첨단 전자기기나 효율적인 시스템에 나의 정성과 노력을 넘기지 않으려는 것이다. 그런 기기나 장치들의 종으로 살고 싶지 않아서다. 정신 차리지 않으면 나를 종으로 부리려는 장치들이 넘실대는 요즘이다. 내가 종이라고 하니 표현이 지나치다고 여길 수 있겠으나 종이라는 느낌도 빼앗은 채 우리를 종으로 부리는 기기나 장치가 많다. 뉴스를 내가 골라 보는가? 상품 광고를 내가 골라 보는가? 내가 갖는 감정은 내가 선택한 것인가? 내 행동은 정확히 내 의도와 일치하는가? 장담할 수 있겠는가?

지금은 휴대전화가 일주일에 한 번 쉰다. 봐서 쉬는 날을 더 늘릴 생각이다. '지금 여기'를 온전히 살려는 발버둥이다.


### 나, 독립선언!

'ㅋㅋ'나 이모티콘을 날리며 에스엔에스(SNS)에 매달리는 것은 외로워서다. 그런데 그게 외로움을 더 쌓게 한다.

마침 3.1혁명 100주년이 되는 날이 눈앞에 다가왔을 때다. 3.1혁명 100주년 맞이 특별선언문을 만들었다. 누리 소통방에 실려 다니는 모든 정보로부터의 나는 독립을 선언했다. 나는 과감히 선언했다. 스마트폰과 에스엔에스(SNS)에 지배당한 나의 일상. 언젠가부터 스스로가 용납할 수 없는 이 상황으로부터 독립을 선언할 때를 호시탐탐 노려왔다고 할 수 있다. 신 독립선언이다. 신 주권선언이다. 시기적으로도 3·1만세 혁명 100주년이 되는지라 더 없이 안성맞춤이다.

카톡과 문자와 유튜브와 온라인 만남의 달콤하고 날렵한 공세에 휘둘려 제대로 저항도 못 하고 내 일상이 지배당해 온 현실에서 나를 구출하는 것이 목적이었다. 소리는 꺼 놨지만 틈만 나면 손을 뻗어 스마트폰을 열어봐야 안도하는 습관. 새로운 뉴스나 호출이 없을까 전전긍긍하는 내 모습은 영락없는 예속된 삶, 누리소통방의 노예, 바로 그것이었다. 스마트폰에 속박된 삶. 상상도 못 했던 현상이다.

나의 독립선언은 내가 필요할 때 쓰려고 장만한 스마트폰이 되레 주인처럼 나를 홀리고 휘어잡아 내 일정을 출렁이게 하는 뒤집힌 현실을 본래의 자리로 되돌리겠다는 의지다. 독립선언의 공약1장은 이렇다.

스마트폰을 하루에 세 번만 들여다본다는 것이다. 오전, 점심, 저녁. 이렇게 세 번이다. 습관적으로 들여다보지 않겠다는 것이다. 단순 전달 사항 외에는 카톡으로 뭔가를 의논하거나 지속적인 대화는 하지 않는다는 것이다. 이렇게 한 것은 스마트폰으로 눈이 침침해졌다고 여긴 것도 한 원인이다.

신 독립선언의 공약 2장도 있다. 내 일과를 내가 정한다는 것이다. 새벽에 일어나면 그날 하루의 할 일을 떠올리고는 여유 있게 일정을 잡되 스마트폰으로 오는 예정에 없는 연락이나 방문을 우선순위에 두지 않겠다는 것이다. 주변 환경변수나 스마트폰에서 제공하는 정보에 무방비로 나를 드러내 놓지 않겠다는 다짐이다.

이중 삼중으로 겹치기 약속이 생겨나는 것은 전적으로 스마트폰의 역할이 크다. 근처 고속도로를 지나가던 친구가 불쑥 지금 집에 있냐고 전화를 걸어와서 만난다면 실속 없는 만남이 될 가능성이 크다. 보험회사 영업사원의 광고 전화에 더는 시간을 빼앗기지 않고자 하는 선언이기도 하다.

아직 안 끝났다. 공약 3장도 있다. 내 동의를 구하지 않고 초대된 단체 카톡방 등 단체 누리 소통방은 양해를 구하고 바로 되돌아 나온다는 것이다. 반면, 내가 누군가를 초대할 때는 기존의 성원에게 초대할 사람과 초대하는 이유를 설명하고 동의를 구하는 것은 물론이요 초대할 사람에게도 취지를 전하고 동의를 구한 뒤에 초대한다는 원칙이다. 나뿐 아니라 지인도 연결의 노예가 안 되게 하려는 것이다. 연결 또는 접속이 옛날에는 인권이었다. 그래서 국가 통신망은 시민 소통권의 핵심이 되었다. 지금은 반대다. 무분별한 연결은 쓰레기이고 소음이고 전파 낭비다. 집단 이메일이나 단체 누리 소통방은 심각한 전자 쓰레기를 양산한다. 전자제품 쓰레기가 아니라 전자 쓰레기.

330원 우표를 붙여야 2~3일 만에 편지가 가는데 돈 한 푼 안들이고 단체 카톡방에서는 수십 명, 수백 명에게 동시에 소식을 전할 수 있다. 그 과정에서 눈에 보이지는 않지만 엄청난 전자 쓰레기가 발생한다는 사실을 아는 사람은 거의 없다. 그래서 공약 3

장은 연결로부터의 자유, 쓰레기로부터의 해방을 위한 신 독립선언이다.

마지막으로 나는 정보로부터의 독립을 추구한다. 내가 원하는 정보에만 엄격히 선별해서 접속한다는 것이다. 무작위 정보에 나를 무방비로 노출하지 않겠다는 것이다. 곁가지로 뻗어나간 정보들이 누리망이나 유튜브에 널려 있다. 정보라는 것은 일종의 자극이다. 자극은 감정과 판단을 촉발한다. 판단과 감정은 막대한 에너지를 소비한다. 무작위 정보로부터의 독립은 소중하고 제한된 내 에너지를 꼭 필요한 곳에 쓸 수 있게 하려는 것이다. 나 독립만세다.


## 누리 소통방 예절 - 단체 카톡

'누리 소통방'이라고 하면 "이게 어디에 쓰는 물건인고?" 하며 궁금해할 사람들이 있을 것이다. '사회관계망 서비스'라고 하면 감을 잡을까? 에스엔에스(SNS)라고 해야 그때야 비로소 '아~' 하면서 무슨 말인지 아는 사람이 늘어난다.

카카오톡이나 밴드라고 해야 고개를 끄덕이는 마지막 부류의 사람도 있다. 우리는 같은 세상에 살아도 쓰는 용어가 다르고 그마저도 합성어와 외래어, 단축어가 잡탕으로 섞여 있어서 무슨 말인지 도통 모를 때가 많다. 세상 바뀌는 속도가 너무 빨라서다. 덩달아 잡탕 언어를 쓰면서 세상을 더 어지럽히기도 한다.

최근에는 주민등록번호를 함부로 요구하지 못하게 하고 있다. 2012년에 제정된 개인 정보 보호법 때문이다. 조만간 개인 주소도 암호화해서 보호하는 조치가 생기지 않을까 싶다. 디지털 세상은 무한 복제와 유포가 너무도 손쉽게 이뤄져서다.

개인 주소 공유를 금지하지는 않더라도 함부로 유포하지 못하게 제한할 가능성은 있다고 본다. 포털사이트 지도 서비스에 주소를 입력하면 집 앞에 자동차가 세워져 있는지까지 사진으로 나올 정도로 개인 신상이 쉽게 드러나는 시대다. 내가 그 당사자라면 불편하고 무섭다. 세상은 진짜 무섭게 바뀌고 있다. '편리'는 한순간에 '불편'이 되기도 한다.

실정이 이러니 다도(茶道)나 전통 예절교육은 익숙해도 누리소통방 예절은 생소하기도 하고 사람마다 제각각인 게 사실이다. 나는 페이스북을 끊은 지 4년여 되는데 '카톡'은 아직 쓰고 있다. 하지만 편리하고 신속한 소통의 대명사였던 카톡이 이제는 점점 공해가 되고 있다고 느낀다. 잔뜩 경계한다. 그래서 내 나름의 카톡 쓰는 기준을 만들어 놓았다. 불필요한 정보들과 연결 때문에 '나'라는 존재가 실종되지 않도록 나를 보호하기 위한 특별한 조치다.

### 원치 않는 카톡에 대처하는 나만의 비법

일방적으로 초대된 단톡방을 나올 때는 얘기를 하고 나온다.

공교롭게 누가 글을 올리자마자 그냥 나오게 되면 마치 그 사람의 글이 불편해서 퇴장한 것으로 비춰질 수 있기 때문이다. 누리 소통방에 글을 쓸 때도 나름의 기준이 있다. 육하원칙을 따르려고 한다. 그래야 의미가 정확히 전달된다. 주어와 목적어, 서술어를 시간이 걸려도 쓴다. 그것들을 생략한 채 형용사와 동사만 쓰다가 서로 크고 작은 상처를 입는 사람들을 봤다. 얼굴을 맞대고 얘기할 때는 표정이나 억양, 몸짓에서 많은 정보를 얻지만 누리 소통방은 문자로만 얘기를 하다보니 불가피하게 생기는 오해와 왜곡이 많다.

단톡방에 올라온 글에 웬만하면 대응하지 않는다는 기준도 있다. 나를 직접 거명하는 글이 아니라 모두에게 일괄적으로 알리는 내용이면 모른척한다. 나를 직접 거명했더라도 그런다. 이른바 '읽씹(읽고 나서도 대꾸를 안 한다는 뜻)'이다. 내용을 봐서 개인에게 별도로 답을 보낸다.

이유는 간단하다. 친구가 나에게 "희식아, 애들은 다 컸지?"라고 공개 단톡방에 글을 올렸다고 치자. 내가 "응, 다 커서 독립했지"라고 하면 그 친구 혹은 다른 친구가 "큰 애가 올해 몇 살이지?"라고 되묻고, 뒤이어 "결혼은?", "호주 살다가 캐나다 갔다더니 아직도?" 등의 질문이 끝도 없이 이어진다. 혹시라도 답을 놓치거나 늦어지면 '씹혔다'고 섭섭해하는 이들도 있다. 이런 일들을 감당할 수가 없다. 그래서 공개 메시지와 개인 메시지를 엄격히 가려서 쓴다.

내 스마트폰의 연결음을 아주 독특한 음원으로 해 뒀다. 판소리나 반야심경, 또는 찬송가다. 혹시 실수로 번호 하나를 잘못 누른 사람이 통화 연결음의 생소함에 잘못 전화 걸었음을 알아채라고.

택배 배송을 위해 주소를 보낼 때는 꼭 전화번호까지 적어 같이 보낸다. 내 전화번호를 아는 사람일지라도 그렇게 한다. 그 사람이 내 번호를 따로 검색해서 찾아야 하는 불편을 덜어주고 싶어서다.

합성수지 플라스틱으로 만든 생활용품이 박 바가지나 옹기 물동이를 밀어내고 우리 생활 속으로 처음 들어왔을 때만 해도 기적의 발명품이었다. 불과 40~50년 전 일이다. 지금은 환경호르몬 논란으로 천덕꾸러기 신세가 됐다. 운동장 인조잔디는 발암물질 발견으로 학교마다 걷어내는 추세라 한다. 문명의 이기가 한순간에 흉기로 변한 사례들이다. 각종 누리 소통방들이 이미 우리의 일상을 지배하고 있다. 감정과 생각과 관계까지 완벽하게. 이제는 새로운 세계에 걸맞은 예의범절을 고민해야 할 때가 아닐까. 나를 지켜내기 위해서.

# 나는
# 어떤 사람이고자
# 하는가

자신을 향한 아주 사소한 질문 품기를 한다. 내가 어떤 사람이기를 선택할 건가. 나는 어떤 사람인가가 아니다. 어떤 사람이기를 선택할 건가이다. 지금의 나는 내 선택의 결과물이다. 잘났건 못났건 마음에 들건 못마땅하건 내 선택이다. 지금의 내가 남 때문이라고 한다면 서글픈 일이다. 내 모습, 내 생각, 내 결정이 다 남이 선택한 거라면 서글픔을 넘어 참담하지 않겠는가.

나에 대한 내 선택이 쉽지만은 않다. 내 바람대로 선택되지 않는다. 여러 조건화된 내 무의식의 뿌리가 워낙 깊다 보니 감정과 생각과 강박과 자책과 훈습, 열등감과 과시욕이 선택 과정에 섞여든다.

건강하게 살아야지, 몸을 잘 가꿔야 마음이나 정신이 반듯한 법이야, 건강은 뭐니 뭐니 해도 절제가 우선이야, 아무 때나 술 먹는 버릇을 이제는 고쳐야지, 밤참은 안 먹어야지, 하면서도 이런 저런 이유를 대면서 치맥(치킨과 맥주. 건강에 아주 치명적임)을 끊지 못한다. '딱! 한 잔'이라는 지켜진 바 없는 전제를 달고 탕 안주에 소주를 들이켠다(〈곰탕이 건강을 말아 먹는다〉는 책이 있음).

진지하게 사소한 질문 하나를 해보자. '나는 내가 어떤 사람이 기를 바라는가?'라는 질문이다. 진실한 사람, 솔직하고 담백한 사람, 내 이익 때문에 남을 해치는 짓은 안 하는 사람, 나아가 정의로운 사람이기를 바란다.

예를 하나 들어보자. 다음과 같은 경우에 어떤 나이고자 하는 가를 보자. 요즘 고령자 운전면허 반납제도가 생겼다. 75세 이상인 고령 운전자가 운전면허증을 반납하면 10만 원 상당의 교통 승차권을 준다고 한다. 상업 시설 이용 할인 혜택도 준다.

어떤 사람이 있다고 하자. 오래전에 자동차를 처분해서 지금은 운전을 안 한다. 나이도 80살을 넘었다. 앞으로도 운전할 생각이 없다. 그가 운전면허증을 반납하고 10만 원을 받는 게 옳은가? 그런 제도가 생겼다고 해서 쓸 일이 없는 운전면허증을 반납하고 10만 원 받는 게 진솔하고 담백한 사람이고자 하는 사람의 처신인가? 공돈 10만 원 생겼다고 좋아하다가 이런 질문 앞에서 혼란에 빠질 수 있다. 이때의 내 선택은 내가 어떤 사람이 되려고 하는가를 결정짓는 일생일대의 큰 사건이 된다.

'눈앞의 작은 이익에 내 삶의 원칙이 흔들려서는 안 된다'라는 말은 누구나 한다. 그런데 위에 예로 든 고령의 할아버지 고심은 어디에 해당될까? 만약에 저 할아버지가 면허증을 반납하고 10만 원을 받았으면 진실되게 살고자 하는 삶의 원칙이 눈앞의 작은 이익에 흔들린 것인가.

얼핏 공돈이라고 하지만 따지고 보면 내 아들 내 손자가 피땀 흘려 일하고 낸 세금이므로 면허증 반납 10만 원의 유혹을 거뜬히 뿌리치고 면허증을 장롱 속에 그냥 두는 게 생활 속 정의라고 할 수 있겠는가. 정의와 진실은 역사나 교과서 속에서는 차라리 쉽다. 일상에서는 식별도 어렵고 선택도 헷갈린다. 뭘 이런 걸 가지고 복잡하게? 라는 반발도 눌러야 한다.

나는 내가 어떤 사람이기를 바라는가. 내 선택에 달렸다. 아래에 한 번 써 본다.


비판을 일삼기보다 따뜻하고 부드러운 사람이기를 바란다. 말과 행동이 어긋나지 않는 진실한 사람이고자 한다. 내 잘못은 흔쾌히 사과하고 남 허물은 덮어 주고자 한다. 정의와 진실을 위해서는 용기를 내는 사람이기를 바란다. 이웃에 봉사하는 삶을 살고 싶다. 밖으로 향하는 시선은 내면으로 돌리되 자신을 자책하는 일은 하지 않으려 한다. 분명할 때보다 흐릿할 때가 더 많은 게 세상사라고 여긴다. 남과 여, 식물과 동물, 정의와 불의의 경계는 늘 출렁이고 흐릿하다는 것을 용인한다.

떠오르는 대로 내 바람을 적어본다. 이런 나를 선택한다. 그리고는 천천히, 조금씩, 꾸준히 한다. 어떤 날은 50점도 안 되는 날이 있다. 다행히 60점이나 70점을 주는 날도 있다. 실망하지 않고 다시 천천히, 조금씩, 꾸준히 해 본다. 평생 완성해 갈 '나'라는 작품이다. 오늘은 하루치를 다듬었다고 여긴다. 하루 일을 마치고 일의 결과나 성과에 관계없이 이마에 땀을 훔치며 흡족해하는 농부처럼 그런 하루를 살고자 한다.

나는 정녕 어떤 사람이기를 선택할 건가. 오늘도 어제처럼 이 질문을 품어보자. "내·가·선·택·한·다"라고 써 보자. 질문도 하나씩 써 보자. 어제 쓴 것도 있을 것이고 다시 쓰는 것도 있을 것이다. 내 하루, 내 한 시간이 온전히 내 인식 안에 있게 해보자. 내 선택 안에 둬 보자.

'코로나19' 사태를 보며 생각을 바꿔 바라보자. 결정을 바꿔 보자. 도시가 봉쇄되고 나라가 봉쇄되는 요즘이다. 난데없이 자가격리라는 생소한 말에 익숙해져 가고 있다. 이 은둔과 고독의 시간을 어떻게들 보내는지 안부를 묻기도 머뭇거려진다. 단체 카톡방에서 영상이나 펌 글들을 주고받으면서 위로를 삼는 게 일상이 되었다. 이렇게 홀로 있어야 하는 시간. 뜻밖이고 어색하다. 하루가 멀다 하고 직장 동료들과 잔을 높이 들고 건배를 외치던 날들이 아득하다.

그러나 성현들의 깨우침은 혼자 있을 때 이루어졌던 것으로 보인다. 이른바 독공(獨功)이다. 독공의 시간은 자기 자신과 직면하는 시간이다. 내재 된 자기의 참모습을 알게 되는 기회다. 예수나 부처가 그랬다. 동학을 창시한 수운 최재우는 양산에 있는 천성산 적멸굴에서 자신을 한울로 만났다.

현대의 큰 발자취를 남긴 위인들 역시 마찬가지다. 빌 게이츠, 스티브 잡스 등도 혹독한 혼자의 시간이 있었다고 한다. 상황의 급진적 변화를 위해 은둔의 시간을 일부러 만든 경우들도 많다. 산으로 간 사람들. 훌쩍 외국으로 떠난 사람들. 이스라엘의 히브리대 교수인 유발 하라리도 혼자의 시간 갖기로 유명하다. 방학 때가 되면 꼭 묵언 수행으로 유명한 위파사나 수련 센터에 간다고 한다. 멈춤과 고요 속에서만 만날 수 있는 절대 자아와 대면하는 시간이다. 나는 이를 멈춤의 선택이라고 부르고 싶다. 일상을 멈출 때 참 자아가 드러난다.

오늘 우리는 코로나19 덕분에 '쉼'이라는 뜻하지 않은 선물을 받았다고 생각할 수도 있지 않을까? 언제 이렇게 지루할 정도로 한가한 시간을 가졌던가. 눈 뜨고 일어나서 잘 때까지 그 많은 약속, 그 많은 자질구레한 일들에 치여 하늘 한 번 쳐다볼 시간이 제대로 있었던가? 부모님께 안부 전화 한번 여유롭게 할 시간이 있었던가? 어린 자식이랑 농담 따먹기 장난질로 한나절을 보낸 적이 있었던가?

세계적으로 공기 오염이 극심한 인도 뉴델리 시민들이 도시 봉쇄령 이후에야 하늘이 원래 파랬었다는 걸 기억해 냈다는 신문 기사가 새삼 놀랍다.

학교나 회사만 쉬고 있는 게 아니라 지나놓고 보면 별 의미도 없는 일들에 논쟁하고 다투고 대립하며 고민하던 시간도 이제는 쉬고 있다. 그렇지 않은가? 방향은 생각해 보지도 못하고 미친 듯이 내달리기만 하던 일상을 멈추게 되었다는 점을 떠올리자. 이 은둔의 기간이 내 삶에서 어떤 위대한 창조성을 위한 시간이 될 수 있을지 각도를 달리해서 생각해 보자.

미처 챙기지 못했던 사람들을 떠올려보자. 고마웠던 분들, 사과하지 못했던 분들, 사기만 하고 읽지는 못했던 책들. 하나씩 떠올려보자. 하루에 열두 번도 더 생각이야 했으나 정작 실행하지 못했던 것을 이제는 해 보자. 산책, 운동, 집안 대청소, 집중 명상, 단식을 해봐도 좋을 것이다. 단전호흡은 어떤가?

내달리기만 하던 자신의 발자국들이 뒤돌아 보일 것이다. 삶에서 진정으로 무엇이 중요한 것인지 떠오를 수도 있다. 거짓과 허풍이 낯 뜨겁게 들여다보이고 진실과 우상이 구별될 것이다.

똑같은 아침 기상, 서둘러 먹던 아침 식사, 문자와 전화 통화와 유튜브 시청으로 손에서 떨어질 줄 모르던 스마트폰도 멀찍이 밀어 놔 보자. 이 반복들을 멈추었다는 사실을 경이롭게 바라보자. 평소에는 알지 못했던 이 같은 새로운 발견을 즐겨보자.

자가 격리. 이것은 저주가 아니다. 불편이 아니다. 이것은 엄청난 기회가 될 수 있다. 완전히 새로운 것과 만날 수 있다. 반복되는 경험, 습관 된 생활에서는 새로운 것이 결코 나타나지 못한다. 스스로를 다시 만들어 낼 절호의 순간이 왔다고 확인해 보라. 그렇게 암시해 보라.

이왕 외출을 절제하고 만남을 절제하고 있는 바에야 호흡을 절제해 보면 어떨까? 길고 가늘고 고른 숨쉬기를 해 보면 어떤가 이 말이다. 호흡을 관찰해보자. 들숨과 날숨의 통로와 감각들을 주목해 보자. 새로운 경지를 만날 수 있다. 가장 긴박한 생명의 통로가 숨이다. 그 숨을 우리는 느끼지 못하고 살아왔다.

이제 기회가 왔다. 내 숨을 들여다볼 기회다. 숨의 절제를 의식의 절제, 생각의 절제로 이어가 보자. 멈춤의 신비를 맛보자. 움직임을 멈추고, 생각을 멈추고, 감각을 멈춰 보자. 전혀 몰랐던 새로운 경지를 만날 수 있을 것이다. 선승들이 동안거와 하안거를 통해 선방에서 한 계절을 보내는 시간은 멈춤의 시간이다.

음식. 음식도 멈춰 보자. 음식을 멈추는 것이 단식이다. 멈추면 비로소 보이는 게 있다는 말이 있다. 혀의 유혹에 내 몸을 내맡겼던 시간을 멈추고 배가 요청할 때만 음식을 마주하자. 잠시도 쉬지 못했던 내 위장이 비로소 쉬는 시간을 가지게 될 것이다. 활성산소의 발생이 중단될 것이다. 몸이 재구성될 것이다. 성가신 질병들이 활동을 중단하고 몸의 면역체계가 왕성해진다. 질병과 싸우는 몸의 내성이 강화된다. 음식의 멈춤이 가져오는 현상들이다. 그럼으로써 지구도 잠시 쉴 수 있게 해 보자. 시 한 편 소개한다.

'정지의 힘' - 백무산

기차를 세우는 힘, 그 힘으로 기차는 달린다
시간을 멈추는 힘, 그 힘으로 우리는 미래로 간다
무엇을 하지 않을 자유, 그로 인해 무엇을 해야 할 것인가를 안다
무엇이 되지 않을 자유, 그 힘으로 나는 내가 된다
세상을 멈추는 힘, 그 힘으로 우리는 달린다
정지에 이르렀을 때, 우리가 달리는 이유를 안다
씨앗처럼 정지하라, 꽃은 멈춤의 힘으로 피어난다

**일상이 되어 있는 극단적 선택들**

참 아름답다. 그리고 참 안타깝다. 아름다운 선택이 극단적 선택이 되고 있다. 일상이 곧 극단인 현실. 기후폭동으로 물난리, 불난리가 세계 곳곳을 휘젓는 이때. 주변에서 심심찮게 보게 되는 극단적 선택들. 통상적으로 '극단적 선택'이라는 말이 뜻하는 바가 무엇인지 안다. 알지만 이 말을 쓴다. 그것도 '선택'이니까.

우리 지역에 내로라하는 사람들이 죄다 모여있는 큰 단체에서 정기총회를 했다. 많은 사람이 모여들었다. 지역 신문과 방송에

자주 등장하면서 상생과 화합, 미래와 희망을 얘기하기에 바쁜 분들이다. 그들은 이 자리에서 아주 극단적인 선택을 했다.

총회를 하는 날은 의례적으로 대형 식당으로 몰려가서 '쐬주'를 맥주에 섞어 마셔댔었는데 이날은 달랐다. 코로나19의 지역 감염에 대한 우려 때문에 접촉을 자제한답시고 도시락을 시켜 먹었다. 그것이 문제였다. 최악의 극단적인 선택이었다.

모든 회원에게 나눠 준 비닐봉지를 풀자 그 속에는 플라스틱 쓰레기들이 먼저 보였다. 밥그릇, 칸칸이 나눠진 반찬 그릇, 그리고 국그릇이 다 플라스틱이었다. 조악한 인쇄물에 싸인 나무젓가락에 건성으로 생긴 플라스틱 숟가락. 이것들은 너무도 짧았던 생애를 마감하고 바로 쓰레기통으로 직행했다.

환경보호 결의문도 채택한 이 단체의 회원 200여 명이 그 자리에서 먹고 버린 비닐·플라스틱 쓰레기가 대형 마대 부대 여러 개에 넘쳐났다. 생분해가 되는 친환경 펄프 도시락이나 종이 도시락의 개당 가격 차이가 100원이 조금 넘겠지만 그런 게 있는지 알지도 못하고 관심도 없다. 내가 그런 게 있다고 그 단체 실무자에게 넌지시 말을 건넸을 때 답변이 그랬다. 심드렁하다 못해 귀찮아했다.

평범한 시민이 평범한 걸음걸이로 평범한 백화점 앞을 지나다 우뚝 멈췄다. 면 티셔츠 3개에 만 원이라고 외치는 소리를 들은 것이다. 백화점 입구 옆 탁자 위에 원색의 티셔츠가 때깔도 좋았다. 안 그래도 티셔츠 한 개를 사려던 참이었는데 이 평범한 시민은 순식간에 극단적 선택을 한다. 역시 한 개가 필요했지만 단돈 만 원이라는 말에 열 켤레 양말도 샀다.

옷장에 옷이 넘쳐나고 있지만 늘 입을 게 마땅찮았던 그는 극단적 선택이 일상이 되어 있다. 신발장의 신발도 마찬가지다. 더 들여놓을 공간이 없어도 엊그제는 스마트폰을 만지작거리다가 81%나 깎아 준다는 고급 브랜드 등산화 광고가 뜨길래 하나를 질렀다.

또 다른 평범한 시민은 평범한 뷔페에 자주 간다. 그곳에 모여든 평범한 사람들이 극단적인 선택을 한다. 국적도 알 수 없는 육지살이와 바다살이에 저질 식용유 범벅인 볶음 요리를 배가 터지도록 먹는다. 뷔페에 가서 적게 먹으면 손해고 많이 먹을수록 왠지 이익일 거라는 극단적 사고가 있어서다. 그래서 평범한 그 시민들은 손에 약을 달고 산다. 종류도 많다. 나이가 많지 않아도 고혈압에 고지혈증, 당뇨에 비만까지 골고루 갖췄다. 걷기가 싫어서 2층도 엘리베이터를 탄다. 늘 운동 부족이라고 걱정하면서 이런 극단적인 선택에 익숙하다.

할인해 준대서 헬스클럽에 3개월을 끊었다. 걷거나 채식하면 될 것을 이중으로 돈을 들인 그 평범한 시민은 러닝머신에 올라타서 탄산음료를 마시며 제자리 뛰기를 한다. 그것도 듬성듬성 다니다가 한 달이 되기 전에 관뒀다.

완전 반대의 극단적 선택을 하는 사람들도 봤다. 김해공항에서 김포공항까지 저가 항공 비행기 표가 1만 8천 원에 나오고 있는데도 굳이 부산역에서 서울역까지 5만9800원을 주고 시간도 더 들여서 기차를 타는 사람이다. 단지 비행기보다 기차가 온실가스를 덜 뿜는다는 그 이유 하나다. 크게 대비된다.

운동화가 해지면 꿰매 신는 사람도 봤다. 내가 아는 어느 스님은 밀짚모자를 오래 썼더니 앞머리 쪽 손으로 자주 잡는 곳이 해졌다고 헝겊을 대고 기워 쓰는 것을 봤다. 옷도 꿰매 입는다. 차라리 버리고 새로 사 입는 게 싸다고 잔소리를 들어도 씩 웃고 만다.

플라스틱 세숫대야도 금이 가서 물이 새자 지붕에 올리는 방수포를 잘라 녹여 밑에다 덧대서 쓰고 있다. 한 나라에 같이 사는 사람들이지만 서로 다른 정반대의 선택을 하며 산다.

강원도에 이어 부산, 제주, 어제는 대전에 집중 호우로 사상자가 발생했다는 뉴스가 나온다. 물난리가 쉽게 그칠 것 같지 않다. 극단적 선택을 하는 한쪽 사람들이 획기적으로 줄지 않는 이상 그칠 것 같지 않다.


이름은 잘 기억나지 않는다. 미국의 베트남 침략전쟁 초기의 어떤 지식인이었다. 통킹만 사건을 조작해서 베트남을 침공했다는 사실이 폭로되기 전이라 이 전쟁을 반대하는 사람들이 많지 않았을 때다. 이 사람은 매일 백악관 앞에서 촛불을 들고 반전 시위를 했다. 어떤 언론도 주목하지 않았다. 늘 혼자였다.

한 신문 기자가 물었다고 한다. 알아주지도 않고 동조하는 사람도 없는데 혼자 시위하는 게 힘들지 않냐고. 그분은 이렇게 말했다. "나를 지키기 위해서 시위한다"라고.

그렇다. 시류에 떠밀려 가지 않게 자기를 지키는 것이 힘들다. 내 선택에 깨어야 할 때다.

숨을 쉰다는 것은
산소를 마시고 이산화탄소를 내뱉는 것일 수는 있으나
그게 전부는 아니다.
숨은 두 갈래다.
산소가 기도를 거쳐 폐로 가는 길이 하나라면
다른 하나는 신선한 우주 기운, 생명 에너지를 받아서
하단전으로 가는 길이다. 숨이 어떠냐에 따라
명이 다르고 운이 달라진다.

숨과 생명

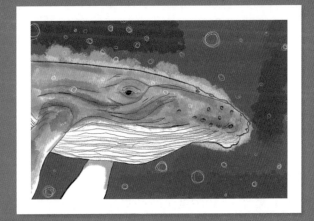

# "지구야 숨쉬기 힘들지?"

오늘, 2020년 제25회 지구 환경의 날에 떠오르는 기억이 있다. 코로나 이후 세상에 대한 진단들이 너무 안이해서 떠올랐다고 할 수 있다. 사람들은 같은 공간에 있어도 각자 자신의 상태와 의지에 따라 공간을 달리 느끼고 달리 본다.

이는 자신의 기억 창고에서 무엇을 어떻게 끄집어내느냐와 관계가 깊다. 어떤 작가가 말했다. 지금의 나는 내 기억의 총체라고. 말도, 글도, 상상도 다 기억을 바탕으로 출현한다. 습(관)이 된 나로부터 비롯된다.

## 기억이 곧 나다

기억의 생생함은 역순이라 그럴까. 얼마 전에 읽은 책 〈제국 문화의 종말과 흙의 생태학〉(윌리엄 코키. 이승무 역. 순환 경제 연구소. 2020. 6.)이 첫 번째로 떠올랐다. 책은 문명의 찌꺼기를 속속들이 보여주면서 불편하기 짝이 없는 진실들을 들춘다.

우리가 그토록 대견해하며 풍요와 편리를 즐기고 있는 문명이라는 것이 사실은 물질주의와 군사주의, 가부장제와 강압적 위계에 기초한 약탈 행위라고 설파한다.

땅, 숲, 바다, 공기, 농업, 식민주의, 화학물질, 공기가 지금 어떤 상태인지 고대사회까지 아우르며 정리하고 있다. 생태계의 총체적 파괴와 환경오염 실상을 증언한다. 오염도 등급이 있다. 가장 심각한 것이 '복합오염'이다. 여러 가지 오염이 서로 얽혀서 폐해가 증폭되는 현실.

왜 이렇게 되었을까? 이유는 딱 한 가지. 문명이라는 달콤한 향내에 취한 인간들이 '지구의 암적 종양체'로 등장해서란다. 지구촌의 지엽적인 문제들도 따지고 보면 인류 문명 자체에서 비롯되고 있다.

책은 우리 문명을 '제국 문화'라고 이름 붙인다. 바빌론, 로마, 몽골, 일본, 미국만이 제국이 아니라 인간의 보편적 삶 자체가 지구 생태계 입장에서 바라보면 '제국 문화'다. 땅으로 돌아가야 한다고 역설하는 책이다.

두 번째는 코로나19 바이러스다. 코로나 바이러스로 고통받는 사람들이나 방역 당국, 정책 입안자들은 잠시 숨을 고르며 매년 있는 '지구 환경의 날'을 떠올려야 할 것이다. 일 년에 딱 하루가 아니라 일 년 내내 지구 환경의 날이 되어야 한다는 생각을 해 봐야 하지 않을까 한다. 코로나 뒤의 바뀌는 세상은 그래야 한다는 말이다.

그런데 언론매체와 유튜브에서 다투어 기획물로 다루는 코로나19 뒤에 바뀌는 일상 이야기를 들으면 노른자 없는 닭의 알 같다는 생각을 한다. 익숙한 시쳇말로 '앙꼬 없는 찐빵'이요 '고무줄 없는 빤스'다. 한때 떠돌던 '삽 없는 엠비(MB : 이명박 전 대통령의 4대강 사업을 삽질로 비하하는 농담)'라는 말도 어울리겠다.

비대면 사회가 되면 택배나 온라인 수단이 강화되면서 어떤 산업이 뜨게 되고 건축 흐름은 어떻게 바뀌며 직장의 풍경과 학교 교실은 어떻게 달라지는지 방물장수 보따리 구경하듯이 감탄사를 연발하게 하는 전문가들의 주장을 보자면 솔직히 불편하다.

코로나는 생태계의 파괴에서 비롯되었고 생태계의 복원 없이는 코로나 이후의 일상은 없다는 것을 아무도 말하지 않는다.

설사가 나면 당장이야 지사제를 먹을 수 있다. 그렇다고 한 입으로 지사제 먹고 다른 한 입으로 계속 상한 음식을 먹거나 과식을 되풀이한다면 참으로 어이없는 짓이 아닐 수 없다. 곧 코로나 '이후'가 시작될 것이라고 믿는 걸까? '포스트 코로나'라는 말이 무성하다.

어떤 전문가가 하는 말이 하나 마음에 걸렸다. 택배가 폭증하고 있으니 교통 막힘 현상이 심하다면서 물류 전용의 지하도로를 만들자는 주장이었다. 드론보다 훨씬 좋다는 것이다. 소비를 줄이고 자연훼손을 멈추는 것이 아니라 우리의 방만한 소비와 과도한 쓰레기 배출은 그대로 방치하고 오히려 택배 소비를 촉진하자는 주장 같았다.

비대면 사회에 맞게 재택근무가 원활하도록 아파트 구조도 이제는 유휴공간과 가족 성원의 개별 공간을 더 넓혀야 한다는 전문가도 있었다. 이런 진단들을 듣자면 전문가가 세상을 망친다는 말이 떠오를 지경이다.

설사할 때는 물도 안 먹는 게 좋다. 단식이 명약이다. 코로나 대책을 얘기하면서 단식에 해당되는 소비 감축, 개발 중지, 생태계 복원, 자연과 조화로운 삶을 말하는 사람이 없다. 농촌을 살리자거나 시골로 가자는 사람이 없다. 다들 코로나라는 바이러스만 보지 기후위기 등 '복합오염' 상태의 지구를 보지 못하는 것으로 보인다.

### 쓰레기 줄이고 생태 기본소득 지급해야

모든 전문가연하는 사람들은 산업적 시각으로 오늘의 사태를 바라본다. 기득권 시선을 가지고 어떻든 물질적 풍요를 지탱하려다 보니 그런 단편적 진단이 나올 것이다.

지금의 체제가 아무 문제 없는 듯이 말한다. 여름 다음에 오는 가을에는 무슨 옷으로 갈아입으면 되는지 떠드는 수다쟁이들로 보인다.

국토부는 2020년 5월 19일 수도권 제2 순환선 안산~인천 구간 전략 환경 영향 평가 공람 공고를 내고 다음 달부터 주민설명회를 한다고 밝혔다. 이 도로계획은 습지 보호지역과 2014년에 등록된 람사르 습지가 포함된 곳이다. 코로나 방역과 역행하는 계획이다.

더 이상의 자원 고갈을 막자. 출산 장려정책을 그만두고, 무역으로 벌어 먹으려고 하지 말자. 토지의 사막화를 막자. 자립경제, 생태공동체, 식량 자급을 이뤄 나가자고 말하는 게 코로나 중장기 대책이다.

소비를 조장하는 광고를 금지하고, 스마트폰 등 첨단 전자제품들이 일부러 신기술을 찔끔찔끔 넣어 6개월마다 신제품을 들고 나와 소비자를 후리는 짓을 못 하게 해야 한다. 신제품. 멀쩡하게 잘 쓰고 있는 물건을 구닥다리 취급한다. 소비 조장은 쓰레기 양산으로 이어지며 결과적으로 코로나를 부추긴다. 코로나로 온라인 택배 산업이 커지면서 쓰레기가 산더미처럼 쏟아지는 현실을 우리는 목도하고 있다.

경기부양, 소상공인 살리기, 골목시장 살리기도 이런 점을 고려해야 한다. 가령, 기후위기에 대응하는 소상공인 살리기 말이다. 법령에 따라 2020년부터 농민들에게 지급되는 공익형 직불제를 견줄 수 있겠다.

이는 농민들에게 식품안전, 환경보존, 농촌유지를 의무화하고 있다. 지자체별로 지급하는 농민공익수당도 그렇다. 비닐쓰레기 투기나 농약과 비료 과다 사용을 금한다. 이처럼 시장 살리기를 하더라도 보완이 따라야 할 것이다.

코로나 근본 대책으로 재난 기본소득에 이어 생태 기본소득을 지급하는 것도 한 방안이 될 수 있겠다. 생태적으로 사는 사람들에게 주는 기본소득이다. 일부러 전기를 안 쓰고 사는 사람들, 자전거 타거나 걷는 사람들 말이다. 불편하지만 비닐과 플라스틱 안 쓰는 사람들에게.

### 환경권(圈) 없이 인권(權) 없다

세 번째 떠오르는 기억은 환경권이다. 권(權)이 아니고 권(圈)이다. 이 말은 내가 처음 쓰는 말이 아니다. 〈모래 군의 열두 달〉(알도 레오폴드, 송명규 번역, 따님, 2000. 4.)에 나오는 말이다. 단국대 교수인 역자가 서명해서 내게 선물한 책인데 인간이 야생동물의 서식지를 함부로 훼손해서는 안 된다는 의미로 지구 각 생명 개체의 영역(권 圈)을 중시하자는 말이다.

작년 가을에 어느 장애인 단체 연합회에서 한 인권 강사 양성 프로그램에 가서 나는 이 개념을 제기했다. 하루 10시간씩 이틀 동안 진행된 집중 강의에서다. 태평양 외딴섬에서 무리 지어 살던 '앨버트로스'가 플라스틱을 먹고 죽어가는 이야기를 담은 영상을 보여주면서 강의를 시작했다.

인간 고유의 권리인 음식권, 주거권, 에너지권, 언론권, 이동권, 성인지 감수성 등 근대적 인권도 타 생물·무생물 존재의 고유 영역을 침범하는 순간 다 도루묵이 된다는 이야기를 했다. 인권 강사를 양성하는 프로그램에서 내가 낸 이런 강의안을 수용한 주최 쪽 결정이 매우 이례적이라고 여겼는데 어쩌면 인권 강사가 환경권 이해도 갖추는 게 필요해 보인다. 지구는 인간만 사는 곳이 아니고 다른 생명들이 사실은 인간을 먹여 살린다고 할 수 있으니까 말이다.

장자 외편 산목(山木) 편에 보면 사마귀가 매미를 잡는다는 이야기가 있다. 까치를 잡으려고 활을 겨누던 장자는 그 까치가 사마귀를 잡으려고 하고, 사마귀는 매미를 노리고 있는 걸 본다. 과수원 주인은 도둑인 줄 알고 장자를 노린다. 눈앞의 먹이만 노리다가 자기 스스로가 먹잇감이 되어 있는 줄도 모르는 오늘날의 인간 모습이다.

이번 지구 환경의 날에 무슨 기억을 떠올리며 무슨 이야기를 나눌 것인가. 자유다. 그러나 그 자유가 우리 인간의 근원적인 자유를 망가뜨리지는 않는지 생각해 볼 때다.

노동문제도, 환경문제도, 기후문제도 현재 우리의 편리함에 취해 그냥 놔두기에는 심각하다. 큼직한 글씨로 빵 원(0원)이라고 적혀 있어서 봤더니 대기업에서 나온 스마트폰 신제품을 공짜로 준다는 광고판이었다. 다른 대기업에서 나온, 화면이 두 개짜리 스마트폰도 공짜란다. 인심도 좋지. 얼마나 부자길래 출시된 지 몇 달 되지 않는 120만 원이 넘는 스마트폰을 공짜로 줄까.

아니나 다를까. 월 7만 원이 넘는 요금제를 여섯 달 이상 써야 하고 24개월 동안 내는 월 할부금이 있었다. 지정한 신용카드도 한 장 발급받아서 매월 30만 원 이상씩 쓰는 조건이 달렸다. 빵 원은 무슨 빵 원. 눈 가리고 아웅이다. 앞주머니 채우는 척하고 뒷주머니 빼 간다. 세상에 공짜가 어디 있나.

인터넷으로 물건을 사다 보니 가만히 앉아 있어도 다음 날이면 집으로 갖다준다. 택배비도 공짜인 경우가 많다. 어떤 택배 회사는 전날 오후 10시까지만 주문하면 바로 다음 날 새벽에 남해 앞바다에서 잡힌 신선한 생선을 갖다 준다. 이른바 새벽 로켓 배송 업체이다.

## 공짜는 없다

그 편리함 탓에 우리는 40대 택배 노동자가 새벽 계단을 오르다가 사망했다는 뉴스를 봐야 했다. 한 시간에 20개의 물건을 배달해 봐야 최저임금밖에 안 되는 월급을 손에 쥔다는 우울한 소식을 듣는다. 최근 코로나19 집단 감염이 발생한 곳이다. 과도한 편리 뒤안길에는 약자가 있다. 총알 택배에는 노동자의 피눈물이 섞여 있다.

상자 포장을 할 때 노끈을 쓰다가 포장용 비닐 테이프를 쓰니 편리하다. 포장이 깔끔하고 바짝 당겨서 두 겹 세 겹으로 돌리면 아주 단단하게 묶을 수도 있다. 값이 싸다 보니 선심 쓰듯 상자 안에는 완충재인 뽁뽁이도 몇 겹 넣는다.

요즘은 아예 뽁뽁이 비닐 봉투가 나와서 완충재가 따로 필요 없다. 어떤 출판사는 책도 뽁뽁이 비닐 봉투에 넣어 보낸다. 사과나 배를 포장할 때 충격에 상하지 않도록 하는 계란판 같은 완충용 란자도 골판지를 쓰다 스티로폼이나 비닐 종류인 폴리프로필렌으로 만든 것을 쓰니 싸기도 싸지만 가벼운 데다 비에 젖지도 않아 좋기가 이를 데 없다.

그 때문에 우리는 끔찍한 사진을 보게 되었다. 고래와 바다거북이, 야생동물이 비닐이나 플라스틱을 먹고 죽어 있는 모습을. 그들의 배 속에 무더기로 비닐이 뒤엉켜 있는 사진을.

도시의 백화점 앞이나 대형마트는 물론이고 시골의 재래시장에서도 티셔츠 세 장에 단돈 만 원이라고 걸려 있는 걸 본다. 양말은 열 켤레에 만 원인 곳도 있다. 공짜에 가깝다.

우리는 옷이나 양말을 빨아 입거나 기워 입지 않는다. 새로 사는 게 훨씬 싸게 먹힌다. 신발도 그렇다. 면장갑도 빨아 쓰는 사람이 없다. 낡거나 닳아서 못 입는 게 아니라 변하는 유행 따라 옷을 산다. 옷장에는 수십 벌씩 쌓이다가 멀쩡한 채 버려진다. 가난한 나라에서 어린아이들이 하루 열여섯 시간씩 일하고 일당 2천~3천 원에 만든 옷들이다.

1년에 만들고 버려지는 옷은 1000억 벌이 넘는다고 한다. 이렇게 많은 옷을 만들자니 목화 재배량이 엄청 늘었다. 목화 재배와 면 가공과 염색에 엄청난 물이 쓰인다. 면 티셔츠 한 장을 만들기 위해 쓰이는 물이 자그마치 2700리터라고 한다. 한 사람이 3년 동안 식수로 사용하기에 충분한 양이다. 청바지 한 벌에는 8500리터의 물이 쓰인다고 한다(중앙일보 2020년 6월 17일 자).

## 코로나 백신보다 어플루엔자(Affluenza) 백신이 시급

그 때문이다. 남한의 절반 크기였던 카자흐스탄에 있던 호수인 아랄해가 사라졌다. 면화 재배하느라 아랄해로 들어가는 두 개의 강물을 농장으로 돌려서란다. 바싹 마른 호수의 물살이는 전멸했고 소금과 모래가 섞인 먼지 폭풍이 주변을 뒤덮고 있다고 한다. 한 번 쓰고 버리는 일회용품들. 환경 재앙을 부른다. 세상에 공짜는 없다.

모든 문제의 근원에 자리한 과시적 소비 문제를 들여다보고자 한다. 지난달에 여의도 전경련회관 컨퍼런스센터에서 '포스트 신종 코로나바이러스 감염증(코로나19) 시대 산업 트렌드 전망 세미나'가 열렸다. 코로나바이러스 현상이 이제는 비대면 사회 담론으로 옮겨간 듯하다. 코로나 이후 사회가 어떻게 바뀔지가 라디오나 티브이 대담에 단골 소재가 되고 있다. 이것이 그대로 유튜브에 올려져서 사람들의 관심을 그쪽으로 이끈다. 산업과 경제활동은 물론이고 교육, 사회, 건축, 문화, 나아가 연애까지 달라질 풍속들을 다양하게 거론한다. 코로나가 끝나고 전개되는 코로나 없는 세상? 참 성급한 진단이다.

이 세미나의 그 많은 담론에서 빠져 있는 게 있다. 가장 중요한데도 왜 빠져 있을까? 코로나바이러스의 근본 원인인데 말이다. 불안스러운 '접촉'만 피하고 다른 건 모두 그대로 유지하고 싶어서일까. 대면 방식만 비대면으로 바꾸면 되는 걸까. 나는 코로나바이러스 백신 개발보다 더 시급하고 근원적인 대응이 '어플루엔자(Affluenza)' 백신을 개발하는 것이라고 여긴다.

지구상에 어플루엔자 바이러스가 등장한 지 오래되었건만 그 치명률에 비해 위험에 대한 경고는 약하다. 이제는 널리 알려진 개념이지만 '어플루엔자'는 풍요(affluent)와 유행성 독감(influenza)의 합성어다. 부자병이라고도 하고 소비중독증이라고도 한다. '풍요로워질수록 더 많은 것을 추구하고자 하는 현대인들의 과소비 중독 증상'을 일컫는 말이다.

코로나 때문에 잠시 여론의 뒤안길로 비켜나 있지만 기후위기의 주범도 어플루엔자 바이러스다. 논란이 계속되는 핵 발전소 역시 마찬가지다. 사회적 갈등과 혈족 간의 끔찍한 사건들도 이 바이러스 때문이다. 환경오염, 미세 플라스틱, 미세먼지 등을 따져 봐도 그렇다.

백신도 없는 이 바이러스의 전염성과 치명률을 계산해 본다면 매우 끔찍한 수치가 나올 것이다. 백신이 없을 뿐 아니라 백신을 개발할 생각조차 않는다. 이게 문제다. 2020년 4월 총선에서는 여야를 막론하고 어플루엔자 바이러스를 확산시키는 공약들이 난무했다. 소비를 줄이지 않고서는 백약이 무효다. 코로나 이후를 말하려면 소비를 획기적으로 줄일 특단의 대책이 시급하다. 언론에 등장해서 전문가 행세하는 사람들은 이러한 진실을 모르거나 감추는 사람들이다.

### 필요 소비가 아닌 과시적 소비

올리버 제임스의 저서 〈어플루엔자〉에서 지적하는 바를 한마디로 정리하면 이렇게 된다. "흥청망청 풍요병에 걸린 인간들. 무분별한 생산과 쓰다 버리는 소비를 줄이지 않으면 코로나는 영원할 것이다". 참 끔찍하다. 소비중독이 중증인 지금. 이를 과연 인류는 줄일 수 있을까? 가장 심각한 환자는 자기가 환자라는 사실을 모르는 환자라고 한다. 우리는 필요한 것을 사는 게 아니다. 광고가 권하는 것을 산다. 일 년에 한 번도 신지 않고 입지 않는 신발과 옷을 쌓아 둔 채 또 산다. 그리고는 허겁지겁 돈벌이에 나선다. 이 말은 2009년도에 알마 출판사에서 펴낸 〈어플루엔자〉에 나오는 내용이다.

현대인들의 과도한 스트레스는 모두 소비병 때문이라고 진단한다. 개인의 스트레스는 필연적으로 사회적 상처를 유발한다. 필요 소비가 아닌 과시적 소비. 자원은 탈진하고 산업은 설사를 한다. 그 결과는? 생태계가 무너짐으로 해서 기후위기 증폭과 각종 괴질의 창궐이다.

얼마 전 탈핵 특강에 간 적이 있다. 지명도가 높은 강사는 차를 몰고 5시간을 달려왔다고 했다. 휴게소에서 커피 한 잔으로 수면 부족의 피로를 풀어야 했다고 하니 얼마나 바쁜 사람인지 알 수 있었다. 강사는 다른 지역 강의 일정이 바빠서 떠나갔고 우리끼리의 뒤풀이 자리에서 가벼운 논쟁이 일었다. 탈핵과 재생에너지 강의를 하는 자리라면 에너지를 줄이거나 안 쓰는 시간이 되어야 할텐데 먼 길을 혼자 자가용 끌고 다니는 게 안 어울린다는 이야기였다. 좋은 강의를 위해 그 정도의 선택은 불가피하다는 의견도 있었다. 많은 사람들의 존경을 받는 강사님이라 개인 사정이 얼마든지 있을 수 있는 것이기에 그 정도에서 화제를 돌렸다.

탈핵을 넘어 탈 에너지, 온라인 쇼핑을 넘어 탈 소비 대책을 세울 때다. 사람들이 가진 관심을 물질과 소비에서 정신적, 심미적, 문화적, 예술적 측면으로 돌리도록 사회를 재구성할 때다. 코로나가 주는 교훈이다.

### 소비를 줄여라!

코로나는 코로나대로 극복하면서도 풍요를 그대로 누리고자 한다면 도둑놈 심보다. 세계 최대의 수력발전소인 중국 후베이성

의 싼샤댐이 붕괴 위험에 처했다는 경보가 계속된다. 이 현상은 코로나19와 이란성 쌍생아라고 본다. 작년 말부터 올 초까지 타올랐던 호주 산불까지 보태면 삼란성 쌍생아가 되겠다. 한국의 농장들에 미국선녀벌레가 창궐하는 것, 북극 빙하가 녹는 것, 집중력 결핍 아동이 느는 것, 스트레스성 성인병이 급증하는 것 모두 뿌리는 하나다. 생태계의 파괴다.

자연과 밀접하게 살아갈 때 스트레스는 없다. 즐거움도 고통도, 사는 것도 죽는 것도 지극히 자연스럽다. 자연을 떠나 인공물 속에 갇힐 때 모든 것은 부자연스럽고 스트레스의 원인이 된다. 우리가 중독된 성장 제일주의. 편리와 속도만 좇아온 현대 문명. 이게 코로나19의 뒷면이다. 코로나 형님뻘인 에볼라, 사스, 메르스 모두 같은 뿌리다.

　일상화된 코로나 시대에 대한 담론들이 무성하다. 일부 전문가들은 어처구니없는 진단들을 경쟁하듯이 쏟아내고 있다. 경기 부양이니 소비 촉진이니 뉴딜이니 하는 정책들을 한마디로 요약하자면 이렇다. 풍요는 이대로 누리면서 새로운 산업을 키우자(사냥하자)는 주장이다.

　위에서도 언급했듯이 드론을 띄우거나 지하 물류 전용도로를 만들어 비접촉 온라인 택배산업을 키워야 한다는 식의 주장을 듣고 나는 까무러칠 뻔했다. 이건 꿩 먹고 알 먹겠다는 도둑놈 심보다. 만약에, '코로나19'라는 경고성 징벌을 인간에게 내린 '하늘님'이 계신다면 기가 차고 코가 막히다 못해 실어증에 걸리시겠다.

　욕망 팽창-과잉 생산-거품 소비-가계 빚 증가-생태계 파괴-스트레스 증가-치유(힐링) 산업 팽창-기후위기-괴질 창궐-인간성 파괴-다시, 욕망을 채우는 것으로 해결 시도. 이렇게 돌고 도는 구도가 보이지 않는가. 지난 2020년 4.15총선 때 투표장에 갔던 사람들은 봤으리라. 투표장 입구에 있는 초대형 쓰레기통에 마스크와 비닐장갑이 차고 넘치던 모습을.

세계적으로 칭송받는 케이 방역(한국의 성공적 코로나 방역)은 2021년 기준으로 하루 평균 200만 장의 마스크를 버리고 있다(미국 식품의약품안전처 자료). 비닐장갑과 방역복, 방역 약품, 약품 용기, 동원 인력 등을 포함하면 우리는 천문학적인 쓰레기를 만들어 내고 있다고 하겠다.

이것들이 수거도 제대로 되지 않아 하늘과 땅, 바다로 돌고 돌아 우리의 식탁으로 올라오고 있다(2020. 7. 20. 엠비시 뉴스데스크). 서울 지하철 안에서 마스크를 안 썼다고 시민들끼리 다투어 지하철이 7분간 멈추는 사태도 있었다고 한다.

길게 얘기할 것 없이 극단적인 조치가 필요하다. 소비를 줄이는 것이다. 자본주의적 생산은 스스로 멈추지 않는다. 생산해 놓고 소비처를 찾고 소비를 조장하기 때문이다. 소비 조장 광고를 처벌해야 한다. 기본소득제를 도입해야 한다. 농민과 청년 기본소득에 앞서 생태 기본소득을 도입해서 자동차 대신 자전거, 세탁기 대신 손빨래, 화식 대신 생식하는 사람들에게 지급해야 한다. 옷이 옷장에 가득해도 '입을 것이 없다'라고 중얼거리는 심리. 세 장에 만 원이라고 하니 한 장만 사려던 티셔츠를 일단 세 장 지르고 보는 이 심리. 바꿔야 한다.

소비를 줄이고 자연에 가까이 다가가면 기적을 체험한다. 고통이 아니라 신성한 새로운 경지를 체험한다. 외부 특강을 할 때면 내가 어떤 기적을 체험하는지 사례를 들어가며 소개한다. 소비 안 하는 삶. 코로나를 넘어가는 유일한 길이다. 임시 대책과 근본 대책은 함께 만들어져야 한다.

## 미세먼지, 자연에 대한 인간의 갑질 멈춰야

요즘 사람들은 숨을 곳이 없다. 실내는 물론 지하공간까지 미세먼지는 어디든 파고든다. 시골이건 숲 속이건 도피처가 되지 못한다. 공기는 어딘들 틈새만 있으면 안 가는 곳이 없기 때문이다. 틈새를 막아야 미세먼지가 스며들지 않을 텐데 틈새 없는 곳에서는 사람이 살 수 없다. 공기는 국경도 없다. 진퇴양난이다.

마스크는 물론 콧구멍 점액질도 미세먼지를 걸러내지 못한다. 미세먼지는 허파에서 핏줄을 타고 온몸으로 퍼져간다. 그래서 각종 질병의 발병체로 잠복된다. 지난주, 연 5일째 전국에 미세먼지 주의보가 발령되고 비상저감조치가 내려졌지만 아랑곳하지 않고 미세먼지는 한반도 전역을 휘저었다. 제주도에는 유사 이래 최초로 비상저감조치가 발령되었다.

지금은 경보 사이렌도 없이 언제 기습할지 모르는 상황이다. 여러 대책이 거론된다. 차량 5부제나 2부제가 그것이고 화력발전소 가동 중단이 그것이다. 모두 임시방편이다.

근본 대책은 인간이 저지르는 자연에 대한 무한 갑질을 멈추지 않으면 안 된다는 점이다. 찢어발기고 파헤치고 터뜨리고 뚫고

자르고 깎아내는 인간의 문명 활동, 산업 활동을 멈추지 않고서는 대책이 없다는 것을 알아야 한다. 속도와 효율성과 편리와 성장과 즐김을 위한 인간의 자연 파괴 행위를 그쳐야 한다. 다른 방법이 없다. 과감한 후퇴가 필요한 때다. 과감한 후퇴이자 용기 있는 후퇴이고 아름다운 후퇴이다(내가 2012년에 쓴 '아름다운 후퇴' 참조).

지역과 나라에 따라 정도의 차이는 있을지언정 지구 생명체를 놓고 보면 미세먼지의 주범을 가리키는 우리의 손가락 방향은 인간 자신을 향해야 한다. 자동차와 산업현장 그 너머의 나 자신을 향해야 한다.

온 천지가 희부옇고 목구멍이 간질거리며 재채기가 터져 나오는 오늘, 인간이 얼마나 쉬지도 않고 가혹하게 자연을 향해 갑질을 해 왔는지 자각해야 할 절호의 기회로 삼아야 한다. 근대 이후, 2백 년 이상을 인간이 자연에게 저지른 행위는 착취고 고문이었다. 지구 먹이사슬 최상위의 포식자인 인간은 배만 채우는 걸로 만족하지 못하고 갖가지 욕망을 채우기 위해 에너지 과잉, 소비 과잉, 이동 과잉, 시설 과잉을 저질러 왔다. 멀쩡한 것을 놔두고 새로 만들었고 함부로 버렸고 함부로 망가뜨렸다.

그 어떤 사회적 약자라도 인간인 이상 자연에 대한 약탈자였다. 공포의 '갑'이었다.

중국의 경제성장을 우리나라 수출 기회가 열렸다고 좋아하고 국민소득 3만 달러를 돌파한 것에 좋아라고 한다면 미세먼지는 계속 마셔야 할 것이다. 인과응보다. 15억 인구의 중국과 인구 13억 인도가 국민소득 3만 달러가 되기 위해 뿜어대는 미세먼지. 그것을 어떤 명분으로 만류할 것인가.

4일 동안에 4천 명이 사망했던 영국 런던의 1952년 스모그 사건이 있었다. 레이첼 카슨은 그로부터 10년 뒤에 시대의 걸작 〈침묵의 봄〉을 내놓았다. 생태계의 오염이 어떻게 시작되고 생물과 자연환경에 어떤 영향을 미치는지 구체적으로 설명하였다. 이를 통해 국가와 대중들이 스스로의 생각과 행동을 재검토할 수 있는 기회를 제공하였다. 자연에 대한 인간의 갑질을 멈추라는 신호였다고 봐야 한다.

인류는 이때의 교훈을 제대로 새기지 못한 것으로 보인다. 자연에 가하는 인간의 무한 갑질은 그치지 않았다. 자연을 '가이아(어머니 대지)'로 여기지 않았고 인간 편리의 도구로만 여겼다. 석탄·석유 등 화석연료를 더 태웠고 자동차 배기가스를 더 뿜었으며 건설 현장 등에서 생기는 날림먼지, 공장의 분말 형태 원자재, 가공 과정의 가루 성분, 소각장 연기 등이 폭증했다.

기상청의 미세먼지 예보에 신경을 곤두세우는 우리가 정부에 큰소리치는 시민이 되려면 자동차 대신 자전거를 끌고 나가거나 대중교통을 타야 하리라. 마스크만 챙길 게 아니라 내 소비를 줄이고 편리를 반납해야 하리라. 전기코드를 뽑고 에너지 사용을 반으로 줄여야 하리라. 그래야 내 목소리가 당당해지지 않겠는가.

우리가 그러면 정부도 중국에 큰소리칠 수 있지 않겠는가.

## 최고의 방역? 그것은 면역력 강화 아닐까?

지금이야말로 때가 무르익었다고 본다. 의사 선생님들이 모여 공동성명을 발표하기에 지금보다 좋을 때가 또 있으랴 싶다. 의대 교수님들이나 간호사님들, 병원 청소부님들이 같이 성명을 낸다면 더 좋겠다. 일부러라도 일은 줄이고 잠은 더 자고 더 웃고 더 노래하자는 성명서 말이다.

"너무 걱정하지 마십시오. 동물성 식품이나 인스턴트 대신에 싱싱한 채소와 견과류를 드시고 깨끗한 공기를 마셔야 합니다. 양보와 배려로 서로를 격려하는 스트레스 없는 생활이 중요합니다. 그렇게 면역력을 높이시는 게 최고의 방역입니다. 우리 의료인들은 지금껏 했듯이 시민 여러분들의 고통과 걱정을 덜어 드리는 일에 최선을 다하겠습니다"라고 말이다. 파업 대신에.

이때야말로 대통령과 정부의 건강보건 담당 공무원님들이 입장을 밝히기에도 적기라고 본다. 각 지자체에서 시차를 두고 발표한다면 상승효과도 있겠다.

"너무 걱정 마십시오. 마스크를 꼭 써야 하고 이동도 자제해야 하지만 그보다는 일을 줄이고, 잠을 많이 주무시며 가족이나 친구들과 친밀한 시간을 보내십시오. 걱정은 할수록 깊어집니다. 일부러라도 웃을 거리를 많이 만들고 사소한 일에도 재미를 붙이는 것이 몸의 면역력을 높여 최고의 방역이 되게 할 것입니다. 어떤 어려움도 망설이지 말고 알려 주십시오. 정부가 할 수 있는 모든 노력을 다할 것입니다"라고 말이다. 금지와 경고와 고발은 그것대로 하더라도.

마찬가지다. 시민단체에서도 지금이 의료인과 정부와 시민들에게 힘과 용기를 주는 입장을 발표하기에 참 좋을 때라고 본다.

"그 누구도 지금의 의료인이나 정부보다 더 잘할 수 있다고 장담하기는 어렵다고 봅니다. 시민들도 너무 걱정하지 마십시오. 어려움 속에서 우리는 깊이 있는 연대를 맛보고 서로에 대한 믿음을 높여 온 경험들이 셀 수 없이 많습니다. 아이엠에프(IMF) 때도 그랬고 광주민주화운동 때도 대동단결의 귀한 경험이 있습니다. 혼란기에 약탈과 방화가 아니라 더 똘똘 뭉치는 사람들이잖습니까. 코로나19라는 재난을 통해 우리 사회의 치명적 약점을 발견하는 것도 축복이라고 해야겠지요? 이 기회에 일과 놀이와 자연과의 관계를 재설정하여 우리의 일상이 삶의 균형을 되찾는 기회가 되었으면 합니다. 그래서 약이나 병원에 대한 의존도를 줄이고 몸의 면역력을 키우는 계기가 되길 바랍니다"라고 말이다. 정부에 대한 요구와 규탄 대신에 시민들의 마음을 어루만지고 진정시키는 그런 태도 말이다.

"농부는 물길을 내서 물을 대고, 화살 깃을 대는 사람은 굽은 화살을 바르게 펴며, 목수는 나무를 다루어 수레바퀴를 만든다.

지혜로운 사람은 자기 자신을 다스린다"라고 법구경에서 말했다. 자신을 다스리는 대상은 몸과 마음이다.

경제자립 못지않게 기분과 감정의 자립, 몸의 자립, 생각의 자립이 중요하다. 타인과 환경조건에 휘둘리지 않고 몸과 마음을 내가 바라는대로 되도록 하는 것이 자립이라 할 것이다. 코로나19야말로 몸의 자립을 생각해 볼 좋은 기회다.

여러 종류의 약을 함께 먹으며 조금만 이상하면 병원부터 찾는 사람들이 있다. 누구나 좋은 죽음의 상징으로 여기는 구구팔팔이삼사(99세까지 팔팔하게 살고 2~3일 앓다 죽는 일)를 하려면 몸의 자립을 생각해야 한다.

내 몸과 마음의 주인은 바로 나다. 결코 주인의 자리를 아무에게나 넘겨버리지 않는 것, 내가 마음 먹은대로 마음과 생각과 말과 손발이 빈틈없이 움직이게 하는 것, 내가 마음먹으면 꼭 그렇게 말이 나오고 내가 생각한 그대로 내 행동이 연결되는 삶을 지금 바로 시도해 볼 때다.


## 불이 꺼지면 보이는 것들

2021년 4월 22일 지구의 날 전기 끄기 행사에 참여했다. "늘 보아오던 밤의 풍경을 오늘 다시 바라보니 검은 밤이 참으로 경이롭군요", "불이 환할 때는 보이지 않던 것들이 불이 꺼지니까 많이 보여요", "불을 다 껐는데 5분쯤 뒤에 아들이 귀가해서 다시 불을 켜서 아쉽네요" 등이 올라왔다.

4월 22일 지구의 날 전기 끄기 행사에 참여한 지인들의 소감들이다. 그날 오후 8시 정각부터 10분간 자신이 있는 장소의 전등을 꺼서 지구환경을 살피자는 행사였는데 환경부에서는 별도의 안내까지 공지했다(http://www.climateweek.kr/board/lights-out).

교황까지 나서서 이 행사를 독려했는데 가장 인상적인 언급은 '신은 항상 용서하시고, 인간들은 때때로 용서하지만 자연은 절대 용서하지 않는다'는 스페인 격언이었다. 맞다. 자연은 때론 참혹한 응답을 한다.

내가 이 지구의 날 행사를 여러 단체에서 추동한 것은 지난달 호주의 대형 산불과 코로나19는 같은 뿌리여서다. 둘 다 생태계 파괴와 기후위기의 산물들이다. 바이러스와 산불이 같은 뿌리의 다른 형상이라는 데에 누구도 이론이 없을 것이다.

지구의 날 행사를 중요하게 여긴 것은 내일이면 쓰레기가 될 물건들을 엄청나게 만들어내서 성장만 외치는 사회여서다. 인류는 소비의 노예가 되어 있어서다. 소비병, 풍요병, 부자병, 소유병 등 모든 문제들은 에너지에 의존하는데 에너지의 상징은 전기여서다.

전기는 역학 에너지, 열에너지, 빛 에너지 등 어느 것으로든 쉽게 전환이 된다. 보관도 쉽고 이동도 쉬우며 청결하기까지 하다. 지구의 날 전기 끄기 행사는 우리 문명의 반성 위에 기획된 것이다.

올해로 50주년을 맞은 지구의 날에 온실가스 감축과 저탄소 생활 실천의 필요성을 알리기 위해 전국적으로 소등행사를 진행한 것인데 시민들이 호응이 영 형편없었나 보다.

다음 날인 4월 23일, 경향신문 1면에 실린 사진이 그걸 말해 주고 있다. 서울 중심가 사진인데 휘황찬란한 네온사인들이 그대로였다. 그러나 내가 추동한 단체들은 제법 불 끄기 참여를 잘 했는지 산발적인 소감문들이 올라왔다.

나이 60대 중반의 한 여성의 소감문은 김치냉장고 없이 살기로 했다는 것이다. 김치냉장고가 고장 나서 새로 신청해 놨는데 지구의 날 행사 안내를 보고 주문을 취소했다는 것이다.

"(나의) 냉장고 주문은 습관에서 온 자동 반응이었습니다. 나의 영적 비전은 삶을 진귀하게 사는 것이며 그 행동이 냉장고 하나 줄이기였습니다~ 지구가 좋아하며 웃겠습니다."

그분의 소감은 이렇게 이어졌다.

"…자동 반응으로 만들어내는 나의 분주함이나 버거움. 이런 삶의 거품들을 빼기 시작합니다."

너무 익숙해서 상투적인 얘기로 들릴 수 있지만, 지구는 우리에게 생명을 불어넣어 주고 우리를 지탱해 주는 사랑의 어머니이며 우리가 죽은 뒤에도 우리의 육체를 그녀의 가슴에 품어주는 진정한 어머니다. 지구는 또한 여러 해침으로부터 보호해야 할 우리의 아이이기도 하다.

냉장고 코드까지 뽑았다는 어떤 이의 소감문을 하나 더 소개한다. 냉장고는 코드를 뽑으면 고장의 원인이 된다고 어느 분이 조언하자 그분이 한 말이다.

"아… 잘 됐다. 냉장고 없이 살려고 하는데 오래됐지만(2007년 구입. 240리터) 잘 돌아가서 차마 버리지 못했는데 코드 뺐으니 이번에 고장 날 수도 있겠네요?"라며 반색을 했다. 얼마나 간절하게 냉장고 없이 살고 싶었으면 저럴까 싶었다. 냉장고는 놀랍게도 신선한 음식을 먹게 하는 게 아니라 도리어 음식을 너무 오래 보관하게 하는 폐단이 있다는 것을 아는 사람이었다.

"사람은 물론 동식물 등 세상 만물은 서로 혈족 관계에 있다"(《현대 생태사상의 이해》(송명규, 따님, 2004. 65쪽.))는 말을 인용한 사람도 있었다. 지구의 날 행사를 통해 많은 각성과 헤아림을 서로 주고받는 밤이었다.

코로나19의 극복이 전등 하나 끄는 것과 연결됨을 알아채는 사람들을 만나는 밤이었다. 불이 꺼져야 비로소 보이더라는 말이 귀에 맴돈다. '자동 반응'도 그렇다. 이제 습관 된 자기를 넘어서 창조적 자기로 돌아갈 때다. 코로나19가 계속 속삭이는 잠언들이다.

# 다가오는 세상
# 미리 준비해야

코로나가 창궐하던 초기에는 '포스트 코로나(코로나가 잠잠해지고 나서 어떤 일상이 오느냐는 기대와 예측)' 얘기가 무성했다. 지금은 코로나가 과연 지나가고 다시 이전에 일상으로 복귀하느냐에 대한 의문이 커져있다. 그래서 '뉴 노멀(늘 재난과 함께 살아갈 달라진 일상)' 얘기를 한다. 그러면 어떤 세상이 올 것인가? 어떤 세상이 오는 게 아니라, 세상이 끝날 것이라는 예측까지 등장할 정도로 분분하다. 기후 재앙의 현상을 두고 그런 말이 설득력을 얻고 있다.

우리가 생태적 거리를 회복하는 것이 진정한 백신이다. "전염병이 심각해지면 정부는 국경을 폐쇄하고 병자들을 강제로 격리할 것이고 공공시설이나 대학을 임시병원 또는 시체 안치소로 개조할 것이다. 대중 집회나 스포츠 경기가 금지되고 대중들은 집안에서 노심초사하며 기도를 올리거나, 티브이 채널을 돌리다 죽어

갈 것이다. 감염자가 발생한 집 대문은 빨간 페인트칠로 표시되어 접근이 차단된다."

이 글은 지금 얘기가 아니다. 최근의 '코로나19' 감염병 사태를 보며 오래전에 읽었던 책을 펼쳐보니 393쪽에 있는 내용이다. 2010년에 나온 〈대혼란-유전자 스와핑과 바이러스 섹스〉(앤드류 니키포룩, 이희수 번역, 알마, 2010. 5.)라는 책이다. 오늘의 풍경을 그대로 담고 있어서 소름이 돋았다.

'코로나19'로 새로운 논점과 정보들이 나타났다. 동물과 인간에게 함께 걸쳐 살아가는 수인공통질병 바이러스의 속성과 감염 경로를 알게 되었고, 몸의 방어체계인 면역계의 중요성도 알았다. 선별진료소, 드라이버 스루, 지역봉쇄, 자가 격리 등의 단어들도 익숙해졌다.

방역 활동의 대응 방식과 국가적 시스템, 그리고 개인위생에 대한 계몽적 홍보물도 많이 접한다. 지식인들의 인류사회에 대한 새로운 진단과 예측도 눈길을 끈다. 그중에는 이스라엘 히브리대 교수인 유발 하라리와 이화여대 석좌교수 최재천의 주장이 주목할 만했다. 자세한 내용은 온라인 검색으로 누구나 접할 수 있고 인상적이라고 여길 대목은 사람마다 다를 수 있기에 여기에 소개하지는 않는다.

또 다른 움직임은 아전인수격의 종교적 종말론의 대두다. 요한계시록은 물론 구한 말 민족종교들의 경전과 예언서의 구절을 인용하며 오늘의 현실을 해석해 보려는 시도들이다. 자세한 거론은 않고 딱 한 가지 예만 보자. '소두무족(小頭無足)'이라는 정감록의 언급이 바로 코로나 바이러스를 지칭하는 것이라는 주장이다. 머리가 작고 발이 없는 것이 바이러스라니 그럴듯하나 전혀 다르게 해석되던 이 구절을 귀에 걸면 귀걸이 코에 걸면 코걸이식으로 끌어오고 있다는 느낌이다.

## 코로나19가 바꿔 놓는 일상들

코로나19는 가치의 기준과 삶의 우선도를 맹렬하게 바꿔가고 있다. 어느 나라가 믿음직한지 그 순위도 새로 매겨지고 있다. 군사력이나 경제력, 천연자원의 보유가 강대국의 기준인 줄만 알았는데 방역과 치료 분야의 공공시스템도 새로운 기준으로 떠오르면서 한국이 주목받고 있다. 바이러스를 향해 미사일을 쏠 수도 없고 달러로 바이러스를 매수할 수도 없다 보니 재난의 일상화 시대에 걸맞은 기준이라 하겠다.

코로나19는 우리 일상에 대한 성찰과 자각도 불러왔고 코로나 사태라는 폭풍이 지나간 자리에 어떤 세상이 등장할지 생각해봐야 하는 과제를 던졌다. 인류가 국경을 넘어 협력하지 않으면 허사라는 것을 일깨웠다. 일부 국가나 지역의 바이러스가 진정되지 않는다면 언제 전 세계로 퍼질지는 시간문제라서다.

나는 인류의 자각 항목에 '생태적 거리 회복'을 추가하고자 한다. 최근에 나타났던 에볼라나 메르스, 사스, 코로나19 등의 괴질은 무분별한 자연 파괴로 인간의 일상이 자연과 단절된 데 따른 것이어서다. 생태계의 회복력이 붕괴되어 자연 순환의 고리가 잘린 바로 그곳에 문명의 꽃이 피었고 역설적이게도 그 후과들이 밀어닥치고 있다. 감염병의 창궐은 인류 문명이 주는 달갑잖은 선물이기도 하고 자연 생태계의 보복이기도 하다. 발전, 개발, 성장, 세계화의 부산물들이 재앙으로 인류사회를 덮쳐서다.

언젠가 이 사태가 진정되면 코로나19의 감염을 막는 방책이었던 '사회적 거리 두기'라는 자리 옆에 '생태적 거리 회복'을 놓고자 하는 것은 인간과 자연의 유기적인 관계를 복원하자는 것이다.

과다한 여행, 국제교역, 세계화와 도시화는 전염병을 순식간에 '세계화'한다. 14세기의 흑사병은 유럽을 휩쓰는 데 3~4년이 걸렸으나 코로나는 2~3개월 만에 전 세계에 퍼졌다. 코로나19가 주는 교훈을 잊고 함부로 비행기를 다시 띄워 옆집에 마실 가듯이 해외 유람이 전염병처럼 도지고, 모임마다 사람 수 만큼의 자가용이 즐비하며, 승객 4~5명을 태운 고속버스가 20~30분 단위로 도로를 메우고, 500원이나 1000원이면 무제한으로 운행하는 농촌 지역의 '행복택시'라는 이름의 교통복지들. 한 마디로 거품들이다. 삶의 거품.

## '생태적 거리 회복'의 필요성

이런 마구잡이 개발과 마구잡이 생산, 마구잡이 소비, 마구잡이 복지나 마구잡이 신상품 출시 등도 따지고 보면 삶의 거품들이다. 코로나19 때문에 우리가 지금 겪는 고통과 불편함은 인류가 흥청망청 살아온 거품이 꺼지는 현상 중 하나라고 보면 될 것이다. 쓸데없는 물건을 내 소유로 만드는 데에 귀중한 시간을 다 허비하고, 내 삶에서 별 중요하지 않은 정보를 가지고 논쟁을 벌였으며, 진리보다는 유희에 시간을 더 썼다. 동물은 물론 식물 생명체를 가지고 시시덕거리며 오락거리로 삼았다.

2021년 우리의 곡물 자급률이 23%인데도 일 년에 음식 쓰레기만 14조 원어치가 된다는 한국 사람들을 정상이라고 볼 것인가. 지구 눈길로 보면 결코 정상이 아니다. 어머니 가슴이 시커멓게 타들어가는 것도 모른 채 망나니짓을 하는 불효자식에 빗댈 수 있겠다.

신자유주의와 '글로벌 경제'라는 세계 질서는 사실 나라끼리, 인간끼리, 자연 생명체와 무생물에 대한 약탈과 착취를 깔고 진행되는 무한경쟁이다. 미국을 위시하여 한국에 이르기까지 제국주의 지향의 국가들은 제조업에서 중화학공업, 중화학공업에서 부가가치 높은 정보생명통신산업으로, 다시 서비스업을 중심으로 지적재산권 등 3차산업으로 앞서가면서 후발국을 약탈해 왔다.

약탈경제가 얼마나 취약하고 자립경제가 소중한지는 전 세계

인구의 1/20도 안 되면서 전 세계 자원의 1/4을 쓰는 미국을 보면 알 수 있다. 한국도 예외가 아니다. 식량이나 에너지나 금융의 과도한 해외 의존 경제가 얼마나 위험한지 갈수록 뼈저리게 느낄 것이다.

이는 개인도 마찬가지다. 돈 많이 벌어서 건강은 병원에, 먹거리는 마트에, 잠은 남이 지어 준 아파트나 전·월세 집에서, 정서와 감정은 오락과 향락에, 정보와 삶의 가치는 유튜브에서 공급받는 개인들 말이다.

이런 면에서 북한은 특별한 분석 대상이라고 본다. 코로나19가 장기화 되면 방역체계나 의료 시스템의 완벽함 못지않게 무역, 정보, 군사, 인적교류, 식량 등의 대외 의존도에 따라 국가 안위가 좌우되기 때문인데 70여 년간 자의 반 타의 반으로 자력갱생한 북한은 자급과 자주, 자립의 새로운 질서가 구축되면 주목받는 국가가 될 소지가 있다. 이런 기준으로 따지면 한국은 북한보다 취약하다.

국력을 재는 기준이 달라지면 평가도 달라지게 된다. 가난한 나라 쿠바가 주요 7개국 정상회의(G7) 나라인 이탈리아에 의료진을 파견하는 모습이 본보기가 되듯이, 코로나19를 넘기면서 세계 질서가 달라질 것이라는 예상이 가능하다. 북한과 쿠바 경제를 주목하는 견해들이 아직은 없는데 조만간 관심의 대상이 되리라 본다.

정치권과 지자체에서 모든 시민들에게 재난 기본소득 100만 원씩을 주자고 하는데 필요한 돈을 추가경정예산으로 하건 일부를 국채로 발행하건 빚이다. 그게 몇 번이나 가능하다고 보는가? 그야말로 임시방편이다. 900만 원이 넘는 코로나19 치료비를 본인 부담 4만 원에 가능한 한국 소식에 세계가 감탄한다. 의심 환자 전수 조사도 감탄 대상이다. 그런데 이렇게 계속된다면 몇 년이나 지속 가능하겠는가 말이다. 확진자가 10만 단위가 되면 의료체계의 붕괴로 우리나라 방식의 코로나 대응은 불가능해진다. 명백한 사실이다. 냉동차에 시신을 보관하고 대학과 경기장이 임시 시체 안치소가 되는 일은 한순간이라 하겠다. 위에 소개한 〈대혼란〉이라는 책이나 지금 다른 나라의 사례가 남의 일이 아니게 된다.

위기가 끝나면 하루 1000만 장 이상 나오는 일회용 마스크 쓰레기, 하루 수천, 수만 벌이나 되는 방역복 쓰레기, 전 국토에 뿌려대는 소독약(생태계에 부담을 줄 수 있는 약품들) 같은 그동안의 성공적인 방책들은 새로운 환경부담으로 등장할 것이다. 그래서 근본 대책을 고민하지 않을 수 없다. 당장 필요한 임시 대응을 하면서도 중·장기적으로 준비해야 하는 대책 말이다. 그것이 '생태적 거리 회복'이라는 것이다.

## 지금부터 '생태 회복'이라는 장기 대책 준비해야

'생태적 거리 회복'이야말로 지금부터 설계해야 하는 우리의 미래라고 본다. 지속 가능한 생활 방식을 찾아서 새로운 인류의 삶을 설계해야 할 때라고 본다. 선거를 앞둔 정치권과 일부 기술 만능주의에 빠진 전문가들의 생산회복과 소비촉진 전략은 우리를 더 무서운 바이러스에 직면하게 할 것이다.

코로나19를 극복했다고 했을 때, 전 세계가 앞다투어 다시 여행객을 실어 나를 비행기를 띄우고 신상품 선전관을 열고 공장 가동률은 코로나 이전으로 복구하고 관광지는 쓰레기가 쌓이고 도시건 시골이건 불야성을 이루면서 흥청대기 시작한다면 끔찍하다. 과거로 돌아가서는 안 된다.

코로나19가 박쥐에게서 왔다는 말은 맞다. 알다시피 에볼라는 원숭이였고 메르스는 낙타였으며 사스는 사향고양이에게서 왔다. 그러나 이렇게만 보면 한계가 있다. 야콥병이 광우병 걸린 소에게서 온 것이 맞지만 그 소가 광우병에 걸리게 된 것은 사람의 공장식 축산 때문이었다. 그런 면에서 유행성 변종 바이러스가 동물에게서 인간으로 옮겨왔다는 말은 반쪽 진실이다. 인간이 먼저 동물에게 그런 변종 바이러스가 생기게 했고, 그것이 인간에게로 왔다고 해야 할 것이다. 바로 생태계를 파괴한 장본인으로서의 인간 말이다. 자연 순환 질서와 너무도 동떨어져 살고 있는 인간 말이다.

생태적 거리를 회복하자는 것은 자연의 섭리를 소중히 여기고 함부로 침범하지 않는 삶을 말한다. 뭇 존재의 신성성을 잊지 말자는 말이다. 인류의 삶을 사람과, 세상 만물과 공존하는 지속 가능한 관계로 재구성해 보자는 시도다.

코로나로 비행기가 취소되고 공장이 멈추고 길거리가 텅텅 비자 미세먼지가 사라지고 공기가 맑아졌다. 뜻하지 않은 사고도 생긴다. 집 안에 갇히다시피 살고 온라인 쇼핑이 늘자 택배 노동자는 청년의 몸도 견디지 못하고 빌라 계단을 오르다 숨졌다. 이처럼 지구는 이웃도 자연도 무생물도 나와 하나의 유기체 관계라는 걸 말하고 있다. 생태적 거리 회복 운동은 유기체적 하나 됨을 일상 속에서 조직하자는 주장이다.

코로나19로 기존 방식의 세계 경제가 큰 타격을 입을 수밖에 없는 것은, 기저 질환이 있는 고령자가 치명률이 높게 나오는 것과 유사하다. 세계 자본주의 경제는 2008년의 금융위기 이후로 새로운 위기를 축적해 왔다. 2023년일지, 2025년일지 위기설이 나돌던 중에 코로나19를 맞았을 뿐이다.

우리 인류가 너무도 자연과 동떨어져 살고 있기에 비극이 배태되었다고 할 것이다. 손끝에 흙 한 톨 안 묻히고 하루를 산다. 기계장치와 인공물에 둘러싸여 산다. 온몸을 화학제품으로 둘둘 말아서 살고 있다.

생태적 거리 확보라는 것은 자립적 삶을 기본에 둔다. 먹거리, 입을 거리, 잠자는 곳, 문화, 건강, 지식, 놀이 등을 개인 차원의 자급, 소집단 차원의 자급, 지역공동체 차원의 자급률을 높이는 삶이다. 인근 공동체와의 호혜적 교환 시스템을 복구하는 것이다.

돈을 축적의 수단이 아니라 교환의 수단으로 돌려 놓자는 것이며, 지구인 총 소비를 현격히 줄이는 방안을 찾자는 것이다.

소비를 줄이는 것이 자원 낭비를 줄이고 온실가스를 줄이고 기후위기를 막는 근본 대책이다. 자가 격리자가 거리를 쏘다니면 제재하듯이 앞으로 소비 조장 행위를 엄벌해야 한다. 소비 조장 광고도 막아야 한다. 절약과 검소한 생활이 정신적(영적) 풍족함을 누린다는 연구 성과물이 나와야 한다. 소유보다도 존재성이 중요한 행복 요소라는 체험을 공교육 과정에 포함해야 한다.

생태적 거리 확보는 몸 노동의 증가를 말한다. 몸으로 직접 움직여서 하루 일용할 재화를 얻는 비율을 높이는 것이다. 직장에서 번 돈으로 시장에서 사서 살아가는 지금 방식을 탈피하자는 것이다. 이제 그럴 수 있는 환경이 되었다고 본다. 인공지능, 4차 산업혁명으로 직업의 종말이 공공연히 거론되고 있는 시대다.

이런 요망에도 불구하고 인류가 어느 방향으로 나아갈지 걱정이다. 매 순간 우리들의 선택이 모여서 인류의 미래를 만들어 가리라고 본다. 세상이 어떻게 달라질지는 정해져 있지 않다고 생각한다. 박근혜 대통령 시절에 카카오톡을 나와 텔레그램으로 간 적이 있다. 압수수색 영장도 없이 카톡에서 네티즌 정보를 수사기관에 갖다 바치는 것을 보고서다.

보안성이 높다는 그 텔레그램에서 '엔번 방의 성착취'가 일어났다. 당시 이 사건의 항의 표시로 텔레그램 탈퇴 운동이 벌어지기도 했는데 참으로 기막힌 역설이다. 이렇게 세상은 선형적으로 진행되지 않는다.

피해 여성에게 머리카락 한 올 손대지 않고 이루어진 엔번방의 성착취. 사이버는 더이상 사이버가 아니고 현실과 사이버의 경계가 무너졌다기보다 우리 현실 자체가 상상과 이미지의 산물이라는 생각이 드는 요즘이다. 우리의 상상과 세밀한 이미지가 새로운 세상을 열어갈 수도 있을 것이라는 꿈도 꾸게 한다.

### 시대변화에 맞는 공유의 삶, 공동체의 삶으로

온라인 강의와 온라인 회의가 붐을 이루고 있다. 베를린 필하모니와 뉴욕 메트로폴리탄 오페라가 온라인 무료 서비스를 하고 있다. 최근에 내가 속한 한 온라인 커뮤니티에서는 '방구석 댄스'를 했다. 영성 춤꾼 최보결님과 '가이아TV' 윤덕현님이 공동 기획한 행사였는데 자가 격리 생활의 위축을 신나는 춤으로 떨쳐내는 시간이었다.

시대변화에 맞게 지구공동체의 삶은 바뀌어 갈 것이다. 온라인은 현대 인류의 소중한 영역이 되었다.

새로 등장하는 공유의 삶은 현대인의 소외와 사회의 유기적 속성을 잘 조화시키고 있는 것으로 보인다. 서울 도봉구의 '은혜공동체', 인수동과 강원도 홍천에 있는 '밝은누리'가 대표적이라 하겠다. 경기도의 '없이 있는 마을'도 그렇다. 삶의 생태적 관계가 잘 설정되어 있다. 공유경제, 사회적 경제, 선물경제, 호혜경제로 불리는 새로운 경제구조는 코로나 이후 공유의 삶에 주요한 축이 되어야 할 것이다.

자율주행 자동차와 공유 자동차가 시행되면 대한민국의 좁은 땅 위에 자동차 수는 1/10로 줄어들 것이다. 공유주택(코하우징)과 공유 생활 운동은 과도한 소비와 과도한 벌이, 과도한 생태파괴를 동시에 줄일 수 있을 것이다.

'간헐적 가족'이라 불리는 양서류적, 유목민적 삶이 혼자는 외롭고 함께는 괴로운 현대인들을 위한 새로운 삶의 방식으로 떠오르고 있다. 서울 은평구의 '전환 마을', 마포구의 '성미산 마을', 그리고 충북 보은과 전남 고흥에 있는 '선애빌', 충주에 있는 '스페이스 선'도 생태적 관계 회복의 모범을 만들어 가고 있는 것으로 보인다.

새로운 상상이라는 것이 아랍에미리트의 두바이처럼 열대의 사막에 폐쇄된 공간을 만들어 엄청난 에너지를 소모해 가면서 인공 눈을 뿌려가며 스키를 타는 게 아니라, 자연과 한 몸 의식으로 서로가 서로를 존중하고 존재의 신성성을 북돋는 그런 상상이라면 코로나19에 제대로 대응하는 최고의 백신이 되리라 본다.

# 영성 시대라고들 하는데

위기적 지구 문명의 출로가 어딜까? 단도직입적으로 거론해보자. 영성일까? 영성이 대안일까? 우주의 황금시대 또는 물병자리 시대에 대해 들어 봤을 것이다. 우주의 기원과 역사. 인간 존재의 시원. 인간의 본성. 여러 사회 현상과 인간 사회 변천의 본질 등 모든 측면을 다 설명하는 '영성시대'라는 말. 영성 유튜버들도 많이 활동한다. 영성시대, 황금시대. 동양고대철학과 양자역학의 접점. 현대과학의 신성 확인 등.

2020년 11월 초순. 나는 남양주 깊은 산속 어느 수도원에 있었다. 아침 9시부터 저녁 6시까지 꼬박 3일 동안 진행하는 영성 프로그램이었다. 3박 5일 행사였던 셈이다. 9월에는 전주의 어느 기독교 기관에서 하는 프로그램에 2박 3일 갔었고 10월에는 제주에서 맞춤형 프로그램을 설계하여 진행하기도 했다.

물맛의 깊이를 알면 세상맛을 아는 것이라는 옛말이 있다. 맹물 맛은 나이 들수록 깊어지는 게 사실이다. 명상 프로그램도 물맛과 비슷해 보인다. 아무리 반복해도 같은 맛이 아니고 심연을 알 수 없는 깊이에 가닿는 느낌이다. 90년대 초반에 입문한 뒤로 줄곧 그렇다.

요즘은 영성 프로그램이라고 하면 '어떤 영성 프로그램이냐?'는 물음을 듣게 된다. 어느 기관에서 어떤 내용으로 진행하는 것인지를 함께 얘기해야 할 정도로 사람들에게 영성 수련, 명상 수련이라는 말이 익숙해져 있다. 감정 코칭, 에너지 힐러, 원 니스(oneness), 마음 챙김 등의 용어도 귀에 익은 편이다.

사람에 따라 명상 프로그램이라고도 하고, '코스 다녀왔다'라고도 하고, '마음공부한다'라고도 한다. 영성이라는 말은 다양하게 이해되고 있다. 기관이나 사람마다 이해의 편차를 보이기도 하는데 용어를 달리하기도 한다. 번역상의 애로 때문에 아예 원어를 쓰기도 한다.

영성 관련 기관이나 단체도 엄청나게 많은데 국제적인 교류들도 많다. 특히 인도에서 출현한 명상 기관들이 한국에 많다. 내가 직접 참가해 본 것만 해도 브라마 쿠마리스, 아난다 마르가, 위파사나, 마인드풀니스 등이다. 국내 역사가 긴 야마기시나 동사섭, 깨 장/나 장, 방하 등과 단월드, 석문 등 호흡과 선수련 단체까지 포함하면 셀 수 없이 많다.

이들 프로그램에서 추구하는 방향과 가치는 거의 같다. 새로운 세상 맛보기와 새로이 살기라고 하겠다. 3차원 감각 세상 너머의 세상이 차원을 달리하여 존재하고 있음을 알아채고 현실 세상에서의 부질없는 어리석음과 탐욕을 내려놓자는 것이다. 고요의 접경지대를 마음에 품고 진정한 행복의 길로 가기 위해 고통의 뿌리를 제거하자는 것이다.

수행 분야의 갈래를 나누고자 할 때 참고할 자료는 많다. 사람의 기질과 성향에 따라 수행법이 갈리기도 한다. 내 경험에 의하면, 상황에 따라 적합한 수행법이 있기도 하다. 나는 화두선(간화선)도 좋았고 동학의 주문 수련 같은 염불선도 좋았고 행선도 좋았다. 감각에 집중함으로 해서 일념을 이루는 위파사나의 묵언 수행도 매우 강렬했다. 틱낫한 스님의 걷기 명상을 연상케 하는 미내사 클럽에서 정기프로그램으로 진행하는 '어싱'도 좋다.

코로나 이후의 일상을 영성 시대의 도래에 맞춰 삶의 영성화로 설정하는 견해들이 있다. 위기적 지구 문명의 출로로서 영성 시대 또는 명상의 사회화라고 해도 되겠다. 인간 지성이 갖는 인지의 폭과 대상, 이성과 합리의 제한적인 해결 능력을 알아채고 신성한 존재로서의 인간 본연의 품성을 계발하는 흐름이라 할 것이다. 감사와 배려가 미세한 입자로 움직여서 성스러운 사랑과 자비로 피어나는 과정이라고 이해한다. 이를 자양분으로 하여 튼실한 알맹이가 되어 갈 것이다.

영성화라는 것이 현실 문제를 외면하고, 제도적 문제마저 눈을 가리게 하는 것이 아니라 참 자아를 발견하여 고요하면서도 생기 넘치는 삶을 창조해 가는 시도라 하겠다. 초기에는 종교단체의 특화된 외부기관이 많았으나 요즘은 종교나 제도권 성직자를 넘어서서 누구나 가닿을 수 있는 내면의 신성을 강조한다. 오강남-성혜영 교수는 일찍이 "종교, 이제는 깨달음이다"(동명의 책 이름)라고 설파했다.

## 지구복을 입은 우주인

자기의 생각, 자신의 감정, 자신이 가진 것 등을 자신과 동일시하는 좁은 안목에서 벗어나 보자. 우리의 삶이 지구라는 거대한 무대 위에서 펼쳐지는 공연이라면, 나는 배우이자 관객이고, 기획자이자 연출가다. 언젠가는 조명이 꺼지고 막이 내린다. 그리고 또 다른 작품이 무대에 올려진다. 울고 웃는 장면들은 허공에 비치는 홀로그램이다. 허공만이 실재한다. 삶은 각본이고 환영이고 이미지다. 무대 또는 스크린 위에서 명멸하며 행위를 만들고 지우는 환상 그 자체가 이 세상의 실상일 수 있다. 오직 의식만 남는다고 하겠다. 이 의식이 관객이기도 하고 주연 배우이기도 하고 기획자이기도 하다. 모두 내 선택 영역이다.

인간이 우주로 나갈 때는 우주복을 입는다. 우주복의 역할은 아주 명료하다. 재질과 기능도 분명하다. 우주에서 유영하려면 조금도 빈틈이 있으면 안 된다. 기압도 1기압으로 유지되어야 한다. 온도도 최적이어야 한다.

이 부분에서 생각을 뒤집어 보자. 우리 존재가 지구에 올 때 지구복을 입게 되었다고 생각해 보자. 지구에 살기 위해 꼭 입어야만 하는 지구복. 우리가 입은 지구복은 어떤 것일까? 지구에서 해야 하는 역할과 살아가는 데 꼭 있어야 하는 기능, 이런 게 뭘까?

별거 아니다. 오장육부며 손발이며 신경이며 호르몬이다. 오욕칠정이며 희로애락이다. 이게 지구인의 필수 장비다. 먹고 싸고 울고 화해한 다음 날에 또 다투고 하는 것도 그냥 지구복일 뿐이다.

그런데 문제다. 우리가 비 올 때는 우산을 쓰고, 해수욕장에서는 수영복을 입듯이 상황에 따라 산뜻하게 갈아입으면 되는 희로애락과 오욕칠정. 이게 말처럼 입었다 벗었다 내 맘대로 되는 게 아니다. 한 번 짜증이라는 옷을 입으면 주야장천 벗지 않으려고 한다. 겨울에 입었던 두꺼운 외투를 4계절 내내 벗지 않으려는 것과 같다.

스마트폰이 인간에게 유용한 도구였다가 어느새 인간이 스마트폰의 포로가 되어 버렸듯이 희로애락과 오욕칠정은 단순한 지구복이었지만 어느새 이것들의 포로가 된 인간들은 기분 상하고 몸도 상하고, 트라우마가 생겨서 비가 그쳤는데도 비옷을 껴입고 벗지를 못하는 형국으로 사는 경우가 허다하다.

지구로 귀환해서도 우주복을 안 벗고 살려고 하는 우주비행사가 있다면 기가 막힐 노릇이겠다.

수련과 명상, 영적 삶이 현대사회에 더 갈구되는 이유이다. 지구복 자체를 멀리하거나 특정 지구복에 집착하는 게 아니라 자유자재로 골라 입는 사람. 그런 사람이야말로 영적 삶을 향유하는 사람이다.

영적 가치에 기반을 둔 일상, 영적 가치를 지향하는 공동체를 꿈꿔보자. 손석희 앵커가 뉴스룸에서 자주 하던 말을 빌려 '한 걸음 더' 들어가 보자. 우주복을 입고 달나라를 가도 인간임을 자각하듯이, 지구복을 입고 울고 짤고 웃고 난리 치고 하더라도 지구라는 별에 온 우주인(지구도 우주의 일부)이라고 생각할 수 있다. 지구복을 철저히 도구로 보는 것이다.

이는 화나 슬픔이나 즐거움이나 돈이나 권력 같은 지구복을 '나'라고 보는 좁은 안목에서 벗어나 수단과 도구에 불과하다는 인식을 분명히 하는 것이다. 지구복에 갇힌 자신을 지구복을 입은 자신으로 복귀시키는 것이다. 영적 수련의 지향점이다.

멀고 먼 길 가서 깊은 산 속 수도원에서 배우고 익힌 공부다.


### 실천, 습관으로서의 나를 넘어서는 지름길

티브이나 컴퓨터 모니터, 스크린의 동영상은 현란하게 움직인다. 그러나 사실은 움직이는 건 하나도 없다. 수많은 픽셀 점들이 정해진 위치에서 켜졌다 꺼졌다 한다. 원자핵 궤도를 도는 전자가

에너지를 얻거나 잃어서 궤도를 바꿀 때 낮은 궤도나 높은 궤도로 이동하는 게 아니라 없어졌다 나타나는 것과 같다.

모든 존재는 명멸할 뿐이다. 형태를 바꿀 뿐 존재 자체는 한결 같다. 존재의 무한성, 현존의 영원성. 이 부분에 대한 논란은 끝난 지 오래되었다. 현존은 시간과 공간을 달리하면서 동시에 명멸하여 입체를 이루고 과거와 미래를 구성한다. 시간을 한 줄로 세워서 과거, 현재, 미래로 나누고 공간도 위 아래, 옆과 앞 뒤로 구분한다. 그렇게 이해해야 세상을 식별할 수 있고 우리의 인식 체계에서 이해가 가능하다. 시간도 흐르는 게 아니다. 명멸한다. 동시성이자 도약이다. 과거에 사로잡힌 사람은 속절없이 현재를 탕진한다. 이를 트라우마라고 한다. 인간의 욕망과 감각도 그렇다. 자기 지속성을 가지려 한다. 오죽하면 뉴턴이 관성의 법칙을 제1법칙으로 내세웠겠는가.

이런 것들은 습관 또는 업이라는 것으로 사람마다 각각 고착된다. 행함과 실천. 이것 외에는 이를 바꿀 방법이 없다. 정(精)·기(氣)·신(神) 중에서 정 영역이다. 촛불로 치면 촛대다. 촛대가 없으면 따스한 촛불도, 환한 빛도 없다. 촛대가 기초이며 근원이고 생명 그 자체다.

사람은 느낌과 생각, 말과 글, 그리고 행동으로 자기 존재를 인식하고 그것을 드러낸다. 세 가지 영역으로 자기를 현재화한다. 일반적으로 행동이 가장 강력하다. 에너지도 강력하고 교정력도 강하고 상처도 깊다. 생각과 이론이 뒷받침해 주고 감정과 열정도 따라주면 금상첨화다. 지식인 유형은 생각부터 시작한다. 파워가 약하다. 예술가는 가슴이 먼저다. 감동하고 열정이 타오르나 집착하게 되고 상처를 잘 입는다. 실천가와 리더는 파워도 있고 추진력도 있다. 그러나 충동적이거나 폭력적일 수 있다.

그래서 스승이 필요하다. 스승의 안내를 받으며 실천을 중심으로 생활 수행을 하는 것이 가장 빠르게 습관 된 나인 업장을 변화시킬 수 있다. 영성 계발의 가장 효과적인 수단이다. 히포크라테스가 말했다. 못 고칠 병은 없지만 못 고칠 습관이 너무 많다고.

영적 프로그램과 영성 책에서 여럿이 같이 함께 연습하기가 많이 등장하는 추세다. '되어보기'이기도 하고 '창조하기'이기도 하다. 2020년 11월에 남양주에서 참여했던 프로그램이 그랬다. 깊은 상처에서 고름이 흐르는 어느 분이 '연습하기'를 통해 과거 속의 자신을 구해 내는 모습을 봤다. 생각과 감정으로는 감당할 수 없었던 트라우마를 자신의 힘으로, 자신의 의지로 극복하고 자신을 구해 내는 모습. 영성의 다시 태어남이다.

물적 환상에서 벗어나 영적 환상에 든 것이다. 모든 게 환상임을 직시하는 순간이다. 약물이나 타인에 의지하는 것은 탄력을 잃은 고무줄이다. 탄력을 잃은 고무줄이 되면 만날 명상 프로그램만 순례하는 명상족이 된다. 우는 아이 사탕만 주는 식의 명상 프로그램도 많다. 일종의 감정 유희라 여겨진다.

## 헌신, 찬탄, 축원

행함 중에서도 가장 좋은 행함은 봉사다. 헌신이다. 아난다 마르가에서 특히 강조하는 대목이다. 축원도 좋은 행함이다. 찬탄도 그렇다. 하루에 딱 5분만 주변과 옆 사람을 돌아보며 "…해서 참 좋다"를 말하는 게 찬탄이다.

축원은 대상을 정해서 바라보고, 느끼고, 하나가 되고, 말을 걸어 보고 나서 하면 된다. 하루 딱 5분. 아니면 하루 딱 다섯 가지만 해 보면 되겠다. 가속력이 붙으려면 일주일 정도 해야 한다. 몇 사람이 같이하면 더 좋다. 제주리조트에서 내가 진행한 2박 3일 수련 프로그램에 모인 전국 각지의 돌봄 선생님들이 축원을 하면서 트라우마를 해소해 가는 모습을 생생하게 봤다. 축원이건 찬탄이건 단계를 가지면 좋다. 1단계는 사물이다. 예민한 이해관계가 없는 사물을 대상으로 하면 쉽다. 2단계는 자신의 중요한 사건, 자신과 긴밀한 관계의 사람을 대상으로 하면 된다. 쉽지 않지만 한 고비를 넘으면 새로운 경지를 만난다. 그다음은 자기 자신이 된다. 요즘은 사회적 소통방이 많이 발달되어 있으니 뜻이 같은 소집단에서 같이 해도 좋다. 그렇게 하면 원력도 커진다.

어둠은 실체가 없다. 고통과 번뇌, 좌절은 헛것이다. 헛것 아닌 게 없지만 특히 그렇다. 빛과 밝음 외에는 실체가 없는 투영물이고 그림자다. 헌신과 봉사, 찬탄과 축원은 무기력하게 좌초된 자기를 일으켜 세우는 데에 최고의 기운을 낸다. 영적 삶으로 가는 첫 단추라 하겠다. 코로나19가 번져 가던 2020년 봄, 대구에서 폭발적으로 확진자가 급증할 때 내 주위의 명상 그룹은 대구 시민들에게 무작위로 고구마 보내기, 떡 해 보내기, 성금 모으기, 재난기본소득 기부하기 운동을 벌였다. 대구 시민들에게 격려가 됐을 것이다. 이 운동에 참여한 사람들 자신이 희망과 사랑과 용기에 듬뿍 젖는 기회도 되었다. 헌신과 봉사는 사랑, 행복, 만족이라는 영적 삶으로 가는 간선도로라 하겠다.

2021년의 보도를 보면 20대 여성 자살률이 한 해 전보다 25퍼센트나 늘었다고 한다. 한국인 전체 자살률도 내려가지 않고 있다. 이웃과 사회로 향하기도 하지만 자기 몸과 감정과 정신을 향해 학대와 착취를 계속하다가 끝내 자신을 살해하는 현상이 자살이다. 이는 기억의 노예 현상이다. 과거에 속박된 현상이다. 암울한 미래는 과거 기억으로부터 잉태된 것이라서다. 이런 절망 앞에 선 사람들에게 헌신과 봉사와 찬탄과 축원은 어울릴까?

어울린다. 참으로 필요하다. 그 나락에서 일어서는 묘약이 된다. 그러나 스승이나 안내자가 필요하다. 이런 삶은 그냥 얻어지지 않는다. '습관 된 나'는 보통 끈질기지 않다. 몸 세포에 각인된 습관은 자동기계처럼 특정 행동과 감정과 생각을 불러온다.

참 내가 하는 생각은 없다. 참 내가 결정해서 만드는 감정은 없다. 거의 자동화된, 프로그램 된 작동장치에 의한 것들이다. 이를 정확히 인지하고, 바라보며, 관조하는 '나'를 찾아가는 것이 필요하다. 영화가 끝나고 엔딩 타이틀이 올라가면 영화관에 불이 켜진다. 영화의 감동이 여운을 남길 것이다. 그러나 산뜻하게 다음 관객들에게 자리를 넘기고 영화관을 나와야 한다. 영적 삶의 모습이다. 여기서 '참 나'는 '습관 된 나'를 넘어선 본래 존재로서의 나를 말한다.

인간은 상처를 받기도 하지만, 그보다는 상처를 만들어 가는 존재다. 상처를 눈덩이처럼 굴려서 키울 수도 있는 존재다. 사고력이라는 것은 스스로 만물의 영장이라 칭하는 인간에게 주어진 재앙일 수 있다. 물질문명의 풍요가 주는 그림자 현상이다. 600만 년 인류 역사 디엔에이(DNA)에 새겨진 생존의 흔적이다.

사람들은 아침에 일어나서 잠자리에 들 때까지 앉아서나 서서나 돌아다니면서까지 손에 뭔가를 쥐고 마시고 먹고 씹고 한다. 배가 고파서가 아니다. 정신적 허기를 뭔가를 먹는 걸로 대체하고 있는 것이다.

내가 진행한 어느 프로그램에서 세 끼 밥과 생수 외에 아무것도 주지 않았다. 간식은 몸과 영혼을 쉬게 하는 데에 방해가 되어서다. 첫날은 배고프다고 난리였다. 금단현상이라 부르기도 하고 호전반응이라 부르기도 한다. 난리 치는 배를 차분히 다독이게 했다. 이틀, 사흘 지나면서 다들 좋아했다. 맑아지는 정신, 홀가분한 몸을 직접 느끼면서 빨간 볼펜으로 체크를 하듯이 알아채가면, 몸속에는 아우성치던 스트레스 호르몬인 코티솔 호르몬이 점차 사라지고 세로토닌과 도파민이 나오기 시작해서다.

행함은 이렇게 감정과 생각까지 바꾸어 간다. '생각' 단계의 내가 몸의 '행함' 단계로 되어가는 과정이 이런 것이다. 다른 동물에 비해서 논리, 추론, 비교와 분석력에 의지하여 살아가는 인간이기에 이런 과정을 밟아 보는 것이 필요하다. 이때의 기준은 헌신, 축원, 감사, 찬탄에 두는 게 효과적이다.

습관은 행함으로 고칠 수 있다. 의지를 분명히 세우는 과정을 병행하면 행함이 쉬워진다. 몸과 감정과 생각을 자동프로그램에 맡겨 두고서는 영적 삶의 비중을 높일 수 없다. 영성의 역할과 공간을 늘리기 위해서라도 정서적, 정신적 역할 공간을 의도적으로 줄여줘야 한다. 지혜롭고 실현 가능한 몸의 하루 일정을 짜는 것이 필요하다. 간단한 것, 명료한 것, 결과가 분명한 것으로.


### 호흡 조절

숨은 생명의 통로이다. 많은 수련에서 숨에 집중하는 이유이다. 경험상 영적 삶을 잃고 배회한다고 여겨질 때 숨을 조절하는 것으로 복귀를 시도한 것이 가장 효과가 있었다. 인간의 생리작용 중에서 숨은 가장 긴요하고 강력해서 더 그렇다.

숨은 인간만 쉬는 게 아니다. 나무와 돌도 숨을 쉬고 지구도 숨을 쉰다. 호흡 조절 이야기를 하는 것을 다른 말로 생태 영성이라고 해도 된다. 생태 영성의 개념은 따로 다루어야 할 정도로 깊다. 신의 창조물인 자연생태는 곧 신이다. 아이가 부모를 닮는 것과 같다. 이는 생태 영성의 핵심 개념이 된다. 사람도 자연의 일부라고 볼 때 하나님의 자녀라든가 불성이 다 있다는 말과 직결된다. 숨이라는 것은 영적 지구의 삶도 이해하게 하는 수단이다. 인류 문명은 지구 숨의 변화로 연결될 것이다.

코로나19의 전 세계적 감염 사태는 지구의 숨을 인간이 틀어막은 결과로 보면 된다. 숨쉬기 이야기를 할 때는 사람의 숨쉬기만이 아니라 만물 만생의 숨쉬기로 넓혀 볼 필요가 있다. 영성의 시대를 맞이하자는 담론에서 핵심 사고다. 역시 동학의 경전에서는 '어찌 홀로 사람만이 입고 사람만이 먹겠는가. 해도 역시 입고 입고 달도 역시 먹고 먹느니라(何獨人衣人食乎 日亦衣衣月亦食食)'라고 했다. 이천식천(以天食天). 해와 달이 입어야 하고 먹어야 한다? 해와 달이 먹는 것과 입는 것이 뭔지 곰곰이 생각해 보면 우리 의식은 무한대로 넓혀질 것이다. 무한대는 영성의 본질이다.

감정이나 기운의 상태에 따라 호흡이 달라진다. 반대로 호흡의 조절에 따라 마음과 기운이 달라지는 법이다. 날숨과 들숨의 길이도 달라진다. 호흡에 대한 많은 이야기가 있다. 조식법이라고 한다. 독맥과 임맥도 등장하고 소주천과 대주천도 등장한다. 우리 몸의 중심 통로인 중맥도 알아두면 좋다. 다 선수련에 나오는 얘기인데 영성의 다른 말인 하늘 정신, 우주 의식과 통하는 출입구인 천문을 여는 호흡까지 가면 좋겠다.

마음과 정신까지 다루게 되는 호흡. 숨에 집중하라는 것을 다른 말로 하면 가장 강력한 감각에 집중하라는 것이다. 영적 삶은 섬세한 감각, 즉 지구복과 연결되기 때문이다. 나는 아래 관덕정의 악몽이 거듭될 때 호흡을 가지런히 하고 기도를 시작했다. 중음 세계를 배회하는 영들을 위로하고 같이 아파했다. 그 아픔은 실제 강렬하게 나를 휩쌌다. 호흡은 곧 기도이다.

요즘 감정코칭, 힐러, 에너지 힐러 등 새로운 용어들이 많이 등장하고 있다. 호흡을 가다듬을 때라는 말로 이해한다. 호흡을 조절하며 자신에게 먼저 말하면 되리라. "두려워 말라. 본래 존재인 영적인 내가 너와 함께 한다."라고.

### 관덕정의 악몽

관덕정의 악몽이란 제주 갔을 때 꾼 꿈 이야기다. 이루 말로 다 할 수 없는 악몽이었다. 이 정도로 몸서리치는 악몽은 내 평생에 한 번도 꾸어 본 적이 없는. 그러나 바로 큰 염원이 솟았다. 해원과 상생, 평화의 길로 건너가는 용꿈이길 바라는 염원.

제주에 가면 관덕정이라는 곳이 있다. 기록에 따르면, 제주에 있는 건물 중에서 가장 오래된 것으로 세종대왕 30년인 1448년에 제주 목사 신숙청이 병사들을 훈련하기 위해서 지은 건물이라고 되어 있다. 1947년 3월 1일에는 제주 4·3항쟁의 도화선이 되었던 곳이다. 나는 이곳에서 말로 다 할 수 없는 악몽을 꾸었다.

2020년 10월 초순 어느 날이었다. 4.3 순례를 시작하기 전날 밤이었다.

관덕정에서 멀지 않은 숙소에서 자게 되었는데 낮에는 덥기까지 한 제주의 날씨에 눕자마자 깊은 잠에 빠졌으나, 이제껏 단 한 번도 꾸어 본 적 없는 악몽을 꾸었다. 악몽에 소스라치게 놀라 깨어서 식은땀을 닦고 화장실을 다녀와서 누워도 연속극처럼 그 꿈을 이어서 꾸었다.

알라딘 램프에서 피어오르는 연기처럼 너울대는 혼령들이 걸어 잠근 대문 틈새를 비집고 스며들었다. 틈새를 막자 옆쪽의 담장으로 스며들어 나를 향해 왔다. 뒷걸음치다가 큰 보자기로 바람을 일궈서 부쳤더니 그제야 담장으로 스며 밖으로 나갔다.

이도 잠시. 시체를 담은 관들이 하늘에서 툭툭 떨어져 마당에 쌓이기 시작했다. 반듯하게 누운 시체가 하나도 손상되지 않고 산 사람 같았다. 112와 119에 전화했는데 연결이 안 된다. 겁은 나지 않는데 그냥 귀찮다는 생각에 방으로 도망쳐 들어갔다. 방에도 시체들이 널려 있었다. 밖으로 내다 놓으려고 양 겨드랑이로 손을 넣어 들었더니 목이 없고 몸통이 텅텅 비어 있었다. 그런데 너무도 무거웠다.

뭐 이따위 시체가 다 있어 하고는 다른 방으로 도망갔다. 거기에는 칼로 길게 베어져서 피를 철철 흘리는 고양이가 쓰러진 채 나를 말똥말똥 쳐다보고 있었다. 얼른 밖으로 집어 던졌다. 그랬더니 방구석에 그 고양이의 새끼들이 바들바들 떨고 있었다.

악몽 때문에 두세 번 잠이 깼었는데 그 꿈에서 벗어날 수가 없었다. 연속극처럼 꿈이 이어졌다. 결국에 나는 한밤중에 잠자리를 바꾸었다. 그때에야 악몽 없이 잘 수 있었다.

제주도 북촌마을에서 있었던 일이다. 장애 시설에서 일하는 돌봄 노동자들을 대상으로 제주도에서 치유 프로그램을 맡아 2박 3일 진행하고 제주 4.3 유적지 탐방을 시작하기 전날 밤이었다.

넓은 돌밭을 뜻하는 너븐숭이 유적지를 둘러봤다. 현기영 선생의 소설 '순이 삼촌'의 배경이 된 곳이다. 그곳에는 전설의 고향에서나 나올법한 애기 무덤이 즐비했다. 사람이 죽으면 흙 속에 묻히는 줄로 알았는데 그게 아니었다. 너무도 낯선 돌무덤이었다.

누가 이 핏덩이 주검을 위한 한 줌 흙조차 허락하지 않았을까. 돌무더기 속에서 식어가는 엄마의 젖꼭지를 물고 속절없이 삭아 내렸을 어린 영혼에 용서를 빈다는 비문이 처연하다.

[한국종교인평화회의(KCRP)]의 추모비가 있었다. '평화와 상생의 꽃으로 피어나소서'라고 쓰여 있었다. 4.3 희생자들의 넋을 기리고 그 유가족들에게 깊은 형제애와 평화를 기원한다고 덧붙여 있었다.

그날 밤에 또 악몽을 꾸었다. 서하면 봉전마을 내 고향 동네였다. 책보를 등 뒤로 둘러맨 학동인 내가 소를 몰고 냇물을 건너서 집으로 돌아오는 길이었다. 소가 미끄러지면서 물속 바위 틈새에 머리가 박혀 꼬르륵꼬르륵 숨넘어가는 소리를 냈다. 급히 바위를 들어냈으나 이중으로 돌에 끼인 소의 머리가 안 빠졌다. 옆 돌을 들어내고서야 소의 머리를 물 밖으로 빼냈으나 소는 숨이 넘어가고 있었다. 철퍼덕 주저앉아 소의 머리를 내 무릎에 누이자 소가 폭포수처럼 눈물을 쏟더니 한참 만에 모기만 한 소리로 "나는 인제 이렇게 해서 갑니다"라고 했다.

나는 너무 무서워서 '어무이'를 부르며 엉엉 울었다. "안돼, 안돼"라고도 부르짖었다. 내 울음소리를 상두꾼의 매김소리로 삼았는지 소는 편안하게 눈을 감았다.

이 꿈을 꾼 다음 날에는 북촌 초등학교와 그 주변을 돌며 4.3 학살지와 애기 무덤들을 봤다. 전날 밤 꾼 내 꿈은 세 번째인 4.3 순례 중 가장 강렬한 순례가 되는 전조였다. 순례 동안 몇 번을 오열했는지 모른다. 순례를 시작하기 전에 진행한 치유 프로그램과 깊은 연관이 있다고 여겨진다.

프로그램 내내 심리 저층까지 내려가서 무의식과 접점을 형성하고 있었던 내게 혼령들은 접근하기 좋았으리라. 해원을 하지 못하고 구천을 떠도는 영혼들은 지각의 대상이 아니다. 논리와 이성으로 접근되지 않는다. 오감이 완전히 멈추고 깊은 잠에 빠진 무의식의 상태에서 초월의식의 통로까지 열릴 때 접촉이 가능하다. 사람에게 있는 이런 제3의 눈, 또는 여섯 번째 감각에 대한 얘기는 아주 많다. 6식 다음에도 불가에서 말하는 말라식, 아뢰야식,

아마라식 등이 있다. 영적 체험이 이루어지는 단계다.

최초의 내 영적 체험은 4~5살 때로 여겨진다. 3살 때였을 수도 있다. 성인이 되어 많은 영적 수련을 하고 신비체험과 함께 관련 책들을 읽으면서 그것이 영적 체험이라는 것을 확실하게 알았다.

지독한 감기몸살에 걸린 나를 어머니가 치마폭으로 폭 싼 채 잠을 재우고 있었다. 추운 겨울이었고 이 세상에 어머니 품속보다 더 따끈하고 편안한 곳이 있을 수 없는 나이 때였다. 어머니가 세상 전부였던 나이였다. 그때 어머니가 들려주신 이야기를 지금도 기억한다. 사람은 잘 때 콧구멍에서 새까만 쥐 두 마리가 솔솔 기어 나와서 온 세상을 뛰어다니다가 잠이 깰 때 감쪽같이 다시 콧구멍으로 들어가서 낮 동안에는 몸속에서 잠을 잔다는 얘기였다. 그 쥐가 돌아다니면서 구경하는 것이 꿈이라고 하셨다. 꿈을 잘 꿔야 건강해진다고도 했다.

그날은 쥐들이 나를 이끌고 천국에 갔던 게 분명했다. 몸살로 신열에 들떠 있던 나는 끝을 알 수 없는 하늘 꼭대기에서 지상을 향해 뻗어 있는 거대한 나팔관 속에 있었다. 눈은 부시지 않지만 엄청나게 밝은 빛무리가 꽉 차 있었고 나는 그 나팔관 속으로 빨려 올라갔다 내려오기를 되풀이했다.

형언할 수 없는 아름다운 노래 소리도 들리고 모든 것이 황금빛 광채가 나는 세상이었다. 투명하기까지 한 황금빛은 따스하고 서늘하고 시원했다. 1초에 수백 번을 오르내려도 어지럽거나 무섭지 않고 재미있었다. 나중에 알게 되었지만, 초월 세계는 황금빛 빛무리와 아름다운 음악이 있었고 행복감이 찰랑찰랑 넘치는 곳이다. 시공의 제약이 없어 마음먹은 대로 다 이뤄지는 것은 기본이다. 그 통로는 모두 다 나팔관이었다. 아니면 나선형 황금 사다리든지. 이렇게 현실 세계를 건너는 상징물이 꼭 있었다. '티벳 사자의 서'나 '타나토 노트'나 성경이나 불경에 다 그렇게 나온다.

잠자는 내가 있고, 꿈속의 내가 있고, 그 꿈과 그 잠자리를 설계한 내가 있을 법하다. 인간은 이렇게 3개의 세상을 동시에 갖고 있다. 정·기·신 또는 천·지·인이라 하는 동양철학의 범주도 여기에서 기인한다. 어느 부위가 더 크게 활성화되느냐는 때에 따라 다르며, 의지의 산물이기도 하고 의지와는 무관하기도 하다. 모두 내 체험들이다.

누구나 어릴 때는 잉태 이전의 기억을 제법 선명하게 갖고 있다. 초월 세계의 기억을 말하는데, 천상의 기억이기도 하다. 그것은 천사의 마음이기도 하다. 어린아이가 엉뚱하면서도 경이로운 말을 할 경우, 이런 관계로 풀이된다. 네 살쯤 되었을 때의 우리 아이 기억이 난다. 절에 데리고 갔는데 불상 앞에서 오체투지를 하는 것이었다. 한 번은 손바닥을 펴 보이더니 손가락이 움직인다고 놀라워하기도 했다.

## 우주 의식의 창조 놀이

정·기·신으로 표현되건 영·혼·백으로 말하건 우리는 존재의 세 가지 차원을 가진다. 물질과 마음과 영혼이다. 영혼은 다양하게 설명되는 데 신성, 초월자, 신, 하나님, 부처, 우주의식 등이다. 만유의 근원이자 시작점이라 할 것이다. 동학의 천도교 경전이 이를 명쾌하게 정리하고 있는 것으로 보인다. 3자 간의 관계까지도 포함해서 말하고 있다.

천도교 경전에서는 만물은 영의 표현이라고 하면서 형상이 있는 것은 영의 적극적 표현이고 형상이 없는 것은 영의 소극적 섭리라고 한다. 형상이 있는 것과 형상이 없는 것, 이 두 세계를 우리는 세계의 전부로 이해한다. 그러나 경전은 이 외에도 존재의 세계, 현존의 세계가 따로 있다고 말하는 것이다. 적극적 표현과 소극적 섭리를 주재하는 세계가 그것이다. 제3의 세계가 된다.

경전에 따르면, 사람이나 물건을 떠나서는 영이 없고 영을 떠나서는 사람도 물건도 없으니 영은 세상을 마련하고 세상은 영을 얻었다고 말한다. 천도교 경전 '성령(영혼)출세설'에 있는 말이다. 무슨 말인가? 하나님 아니라 그 할아비라도 사람의 행위, 물건의 존재를 통하지 않고서는 쥐뿔도 아니라는 말이 된다.

같은 이치로 사람과 사물, 사건과 일. 상황들은 신성을 놓치지 않아야 본래 자신의 면목을 제대로 드러낼 수 있다는 말이다. 성경과 불경에도 같은 이야기들이 무수하다. 이는 현대 양자물리학과 심령주의 현자들의 이야기와 같다. 만물 만상이 신이고 세상 모든 현상도 신이라는 것이다.

경전뿐 아니라 양자의 중첩성과 양자 도약도 제주에서의 내 꿈과 어릴 적 영적 체험을 설명하는 것으로 여겨진다. 예수와 부처는 물론이고 공맹과 노장, 인디언 추장, 호주의 원주민, 실버 버치, 데이비드 호킨스, 조 디스펜자, 디펙 초프라, 브루스 립턴, 켈리 브로건, 아니타 무르자니, 에크하르트 톨레, 메리앤 윌리엄슨 등등. 이 시대 최고의 지혜로운 존재들이 이구동성으로 하는 말이다.

〈인터스텔라〉라는 영화는 2014년 개봉 당시에도 인기가 높았고 요즘도 자주 거론된다. 이 영화를 만든 크리스토퍼 놀란 감독은 영화가 담아내는 간단치 않은 주제들을 다루기 위해 엄청난 공부를 해야 했다고 한다. 천문 우주 지식은 물론이고 지구의 운명에 대한 미래학도 그중 하나이다. 내 짐작에는 통상적인 공부라기보다 어떤 영감이 있지 않았을까 싶다. 시각의 영적 전환이 없이는 만들 수 없는 영화로 보인다.

이렇게 인터스텔라 영화 이야기를 꺼내면 사람들은 두 가지로 반응한다. 하나는 시간여행이고 다른 하나는 지구의 종말적 미래 이야기다. 주인공 쿠퍼가 우주여행을 하고 돌아오자 딸 머피가 폭삭 늙은 할머니가 되어 있었다는 부분으로 상대성이론의 핵심을 이루는 공간 수축과 시간 팽창 이야기를 가장 많이들 한다.

천만에다. 내가 하고자 하는 얘기는 전혀 다른 방향이다. 인터스텔라를 거론한 것은 눈속임이다. 내가 지금부터 말하고자 하는 것은 어느 영화건 해당된다. 영화를 볼 때, 스크린에 비친 영상은 영화의 줄거리고 영사실은 영화를 송출하는 스크린 영상의 근원이다. 이를 즐기는 관객은 영화관의 주체다.

자, 우리는 영상을 보는 것이다. 영화가 끝나면 새하얀 스크린만 시치미 뚝 떼고 남는다. 스크린은 미동도 없이 영상의 빛깔만 반사하여 영화를 즐기게 했다. 하나의 장치다. 영화관이라는 공간도 장치에 불과하다. 영화는 빛깔의 환상이었다. 명멸하는 빛무리의 놀이판이었다. 힌두교에서는 이렇게 말한다. 우리의 삶을 포함하여 이 우주 자체를 릴라(lila, 신의 유희를 뜻하는 산스크리트어)라고도 한다. 신이 벌이는 위대한 우주의식 놀이, 우주는 신의 모노드라마, 신이 혼자서 벌이는 게임이란 말이다. 그렇다면 우리는 그 무대 위에서 정해진 시간 동안 주어진 역할에 따라 울고 웃는 배우들이 된다.

우리의 삶이 지구라는 장치 위 빛무리들의 명멸이라면 필름과 관객은 어디이고 누구일까? 우리의 삶이 이런 구조라면 스크린 위에서 명멸하며 입체 영상을 만들고 지우는 환상 그 자체가 우리 우주의 실상일 수 있다. 오직 의식만 남는다고 하겠다. 자 그러면 영성의 좌표를 찾아보자.

기미년 3.1 만세 혁명 때 1년 동안에 일경에 의해 동포 6800명이 죽었다. 일경도 애들은 죽이지 않았다. 제주 4.3 항쟁 때는 적게는 3만 명, 많게는 8만 명이 죽었다. 해방된 조국에서 제주도

민은 같은 동포인 군인과 경찰에 의해 핏덩이 애들까지 죽임을 당했다. 영성의 좌표는 어디에 있는가. 통절하게 묻게 된다.

　이틀간 계속된 내 꿈이 한바탕 해원굿이길 빈다. 악몽을 넘어 해원과 상생, 평화를 촉진하는 용꿈이길 빈다. 꿈속의 내 시달림이 눈을 못 감은 원혼들에게 작은 위안이길 빈다. 전쟁과 대립을 화해와 공존으로 이끌어가는 징검다리가 되어주길 빈다.

몸은 마음을 만들고 마음은 몸을 만든다. 밥이 그 가운데에 있다.

밥. 이웃은 물론 나라 전체, 전 세계가 연결되어 있다.

하늘 땅 삼라만상이 다 연결되어 있다.

이를 깨닫고 일심으로 정진.

무엇을 먹는가. 어떻게 먹는가. 먹는 것의 의미는?

남의 밥상 넘보기보다 남의 밥그릇이 비어 있지는 않은지?

탁발이란? 이천식천이란?

사사천 물물천(事事天 物物天). 사시공양(巳時供養). 사시마지(巳時摩旨).

이렇게 밥은 길고 깊게 우리의 삶을 조각한다.

# 밥과 명상

# 똥이
# 밥 되는
# 삶

내 몸이 통로가 된다. 하늘과 땅을 연결하는 통로. 밥이 똥이 되고 그 똥이 다시 밥상에 오르는 통로. 막히지 않는 통로. 순환의 도구가 되는 몸 나.
막히지 않고 잘 통하는 통로가 될 때 비로소 내 몸은 몸을 벗어날 수 있다.


도시 대학생들이 3박 4일 동안 농부가 되었다. 이 녀석들이 우리 집에 오기 전에 미리 보내온 생활계획이란 게 있었다. 술과 동물성 식품을 먹지 않고, 담배를 피우지 않겠다고 했다. 비닐을 전혀 쓰지 않겠다면서 올 때도 샌들이나 목장갑, 속옷 등을 보자기나 천 가방에 담아 오겠다고 했다. 내가 쓴 책인 〈똥꽃〉과 〈소농은 혁명이다〉를 읽고 오겠다고도 했다. 참으로 기특했다.
그렇다. 도시에 나서 도시에서 자란 이 청년들이 짧은 기간일

망정 자연과 함께 생활을 해 보겠다면 가장 먼저 인공물이나 화학 제품과 멀어지는 것이 맞다. 전자·전기 제품을 멀리하고 가공식품도 피해야 한다. 동물성 식품과 술은 기운을 탁하게 하므로 가까이해서는 안 된다.

불편하고 더딘 하루를 지내고 몸이 고단한 생활을 선택해야 한다. 자연스러운 삶에 다른 선택이란 없다. 자연과 사람 사이에 놓여 있는 각종 시설물과 문명의 이기들을 치워내는 것이다. 그러니 그들의 결정을 환영할 수밖엔.

스마트폰은 어떻게 하면 좋겠냐고 물어 와서 각자 시간을 정해서 제한적으로 쓰면 어떻겠냐고 했더니 그렇게 하겠다고 했다. 20대 초중반의 젊은 대학생들이 스마트폰을 못 쓰게 한다는 것은 소경에게서 지팡이를 뺏는 것과 같은지라 그렇게 했다.

꽃을 발견하면 '모야'라는 꽃 이름 찾기 앱을 구동하는 게 아니라 유심히 관찰해서 내 서가의 자료들을 찾아보게 했다. 마지막 날에 새벽 2시 넘게 농장 뒤편에서 모닥불 놀이를 하면서도 술 한 방울 없이 신명 나게 잘 놀았다.

비가 오면 실내에서 요가도 하고 노래도 부르고 지짐을 구워 먹고, 날이 개면 동네 농가를 찾아가 일손을 도왔다. 어느 날 밤은 불을 다 끄고 선문답을 이어가는 놀이도 했다. 3박 4일을 간단히 정리하면, 일하고, 공부하고, 이웃 돕고, 기도하고, 놀이하는 시간이었다.

기도식은 매일 새벽 6시와 저녁 9시에 했다. 정화수 한 그릇 떠놓고 명상을 하고 경전을 읽었다. 나는 대학생들의 자연생태·농촌체험 요청을 받고 농민회에서 하는 농활과는 다르게 설계했다. 자연을 신처럼 경외하며 깊이 교감하는 것이 첫 번째 원칙이라면 두 번째 원칙은 완벽한 자유였다. 뭐든 하고 싶은 것을 맘껏 해 보는 기간이 되도록 했다. 다만, 미리 계획을 세워서 자신과 굳게 약속을 맺고 진행하게 했다. 계획도 마음대로 고칠 수는 있으나 자기 자신을 온전히 설득시키는 것이 먼저였다. 자신의 내면에서 우러나는 맑은 요청에 따르는 날들이 되도록 했다.

나 스스로 정한 원칙도 있었다. 학생들이 묻지 않으면 먼저 말하지 않고, 부르지 않으면 가지 않는다는 것이었다. 흙이 잔뜩 묻은 호미를 그냥 팽개쳐도 잔소리를 하지 않았고 남은 음식물과 일반 쓰레기가 섞여도 모른척했다. 그런데 오래가지 않았다. 이틀이 지난 뒤부터는 누가 그렇게 하자고 했는지 농기구는 깨끗이 물에 씻어 걸리기 시작했고 남은 음식물은 따로 모아져서 거름 자리에 묻혔다.

### "화장실 물에 쓸려가는 내 똥이 아깝더라"

마지막 시간. 소감 나누기 시간에 한 대학생이 한 말이다. "화장실 물에 쓸려가는 내 똥이 아깝더라"라고. 우리 집에 있는 그야말로 '밥이 똥 되고 똥이 밥 되는' 과학적인(?) 생태뒷간을 쓰면서 그런 생각이 들었다고 했다. 또 한 대학생은 "'빈 그릇 운동'을 다시 생각하게 되었다"라고 했다. 밥을 안 남기는 게 '빈 그릇 운동'인 것으로 알았는데 내가 밥을 먹고 나서 마지막에 상추나 김치 조각 하나로 밥그릇과 국그릇에 묻은 고춧가루 하나까지 닦아 먹는 걸 보고는 양념과 국물까지도 '음식'이라는 생각을 하게 되었고 빈 그릇 운동도 다시 생각하게 되었다는 것이다.

감자 캐던 호미를 씻지 않고 그냥 걸어두면 녹이 슨다는 것을 대학에서 물리학을 전공하는 학생도 모른다. 식품영양학을 전공해도 '빈 그릇 운동'을 저절로 알 수는 없다. 믿음과 정성으로 배우고 몸과 땀으로 익히는 사람만이 알 수 있다.

해월 선생의 가르침인 '만사지식일완(萬事知食一碗)'의 〈밥 한 그릇의 이치〉라는 주제어를 가지고 왔던 이 천도교 대학생들이 또 오고 싶다고 했다. 두고 볼 일이다.

누구는 말한다. 사람이 흙과 멀어지면서 모든 불건강과 사회적 병폐가 시작되었다고. 사람이 흙을 죽이기 시작하면서 사회병리 현상과 인간의 퇴화가 시작되었다고. 원래 인간은 그 시원을 찾아가 보면 병도 없고 괴로움도 없는 삶을 살았다고 한다. 그 근거는 지구 곳곳에 아직도 살아 있는 원주민들을 보면 안다. 내가 열흘 동안 방문하면서 관심 있게 공부했던 호주 원주민 역시 그랬다.

몇 년씩 병원에 입원해 생명연장기구에 매달려 수명을 이어가는 일이 없다. 누워서 벽에 똥칠해가며 사는 노년이라는 게 없다.

생생하게 잘 살다가 다 살았다고 여겨질 때 돗자리 하나 들고 멀리 사막으로 걸어 나가 구덩이를 파고 가부좌를 하고 앉아 한두 시간 내에 지구 여행을 마치고 이승을 떠난다는 기록이 있었다. 뭇 동물의 임종과 너무나도 닮았다. 동물들이 그렇지 않은가? 집에서 키우는 반려동물 말고 야생동물 말이다.

자연 생태성을 유지한 생명체의 모든 임종이 그렇다. 인간처럼 임종이 지저분하지 않다. 자연성을 잃고 흙으로부터 멀어진 삶을 사는 현대 인류만이 흔한 말로 구질구질한 임종을 맞는다. 그 원인은 바로 자연과 멀어진 삶에서 찾아야 한다.

물질 중심의 소유와 탐욕의 삶을 다른 말로 표현하면 '똥이 밥 되는 순환의 삶이 파괴되었다'라고 할 수 있다.

순환의 한 고리가 끊어져버리고 통하지 않게 된 세상. 그것의 대명사는 밥이 똥 되는 세상의 단절이 아닐까? 반본귀진(反本歸眞). 그렇다. 존재의 본래 그 자리로 잘 돌아가는 것이 세상의 진리다. 사람이건 동물이건 죽긴 하는데 썩어 흙이 되지 않고 죽었는데도 그냥 그대로 그 몸뚱이가 천 년 만 년 남아 있다면 끔찍하기 짝이 없다. 이 세상은 사람 시체와 동물 사체로 산을 이룰 것이다. 그렇다면 당연히 밥이 똥이 되고 똥이 다시 밥이 되는 이치가 실현되어야 할 것이다. 누구나 인정하듯이 똥은 밥에서 왔다. 그렇다면 그 똥이 자신의 처음 자리, 밥으로 가야 하는 것이다.

유감스럽게도 똥을 밥이 되는 소중한 자원으로 취급하지 않고 역겹고 기피해야 하는 쓰레기로 취급한다. 모아진 분뇨와 오폐수를 200해리 바깥 공해까지 싣고 나가 해양투기하고 있다고 한다. 오폐수종말처리장에 모아진 똥오줌은 침전물과 건더기를 분리하여 짜내고 열을 가해 말린 다음 항구로 싣고 나가 바지선에 실어 다시 바닷물과 뒤섞어서는 저 멀리 공해상까지 옮겨 버리고 있다.

기록에 따르면 갑오동학농민전쟁 때 농민군들이 일본군과 결탁된 관군과 전쟁을 벌이면서도 똥 누러 집에 가야 한다고 하면 허락했다고 한다. 얼마나 똥이 밥이 되는 삶을 소중히 여겼는지 알 수 있다.

### 단식-몸을 초기화한다

따뜻한 거리 두기. 아름다운 간격 지키기. 문턱이 있는 사이. 이런 말들이 뜻하는 바는 간단하다. 너무 맞붙어 있으면 느낄 수 없고 볼 수 없는 것들이 있어서다. 일부러라도 떨어져 있을 때 비로소 알게 되는 것들이 많다.

우연히 밥상을 그렇게 하게 되었다. 하루 세 번씩 만나던 밥상을 멀리하고 밥상 없이 지냈다. 새해 앞뒤로 딱 엿새 동안 단식을 했다. 단식은 많이 해 봐서 익숙한지라 감식 하루 만에 본 단식을 했는데 이번에는 꿀 단식이었다.

소금 단식, 효소 단식, 과일 단식, 된장국 단식 등을 해 봤지만 꿀 단식은 처음이다. 태국 북부 고산족들이 채밀한 천연 야생 목청꿀이라고 선배가 권해서다. 야생벌은 풍수지리적으로 명당에 벌집을 짓는다고 한다. 사람이 만들어 준 벌통에서 양식한 꿀과는 다를 것이다. 떡 본 김에 제사 지내고 자빠진 김에 쉬어간다고 귀한 꿀을 보니 단식을 해야겠다고 여겼다. 창자를 싹 비우고 먹어야 제맛을 느낄 수 있다. 그러나 꿀은 채식이라고 할 수 없다. 벌이 만든 것이라 채식을 온전히 하는 사람들은 꿀도 먹지 않는 것으로 안다.

단식 이틀 되는 아침에는 레몬이 없어서 라임즙을 1.8리터 페트병 생수에 섞어서 빠르게 먹고는 붕어 운동과 합장합척 운동을 하고서 관장을 했다. 이는 민족생활학교 운동을 벌였던 고 장두석 선생이 보급한 것으로 붕어 운동은 누워서 양손을 머리 위로 뻗은 채로 모아 뻗은 두 다리와 에스(S)자로 흔들어대는 운동이다. 합장합척 운동은 똑바로 누워서 두 손바닥과 두 발바닥을 마주 대고서 함께 가슴 쪽으로 당겼다가 동시에 위·아래로 뻗어내는 운동이다. 이 운동은 장운동과 온몸 근력운동을 동시에 하게 해 준다.

단식 때는 밥만 굶기보다는 가벼운 운동과 명상을 하면 좋다. 일상생활은 그대로 할 수도 있다. 몸을 많이 쓴다면 소금 단식보다 과일 단식이나 효소 단식을 하기도 한다.

단식 엿새 동안 경을 읽었고 오체투지를 했다. 오체투지는 미세한 구분 동작으로 했다. 기도문은 딱 한 줄. "주여 나를 불쌍히 여기소서"를 했다가 "주여, 내게 자비를 베푸소서"로 바꿔 외웠다. 이는 동방 정교의 중요한 수행법으로 비교종교학자 오강남의 〈영적 삶을 풍요롭게 하는 예수의 기도〉(지은이 미상, 오강남 옮김, 대한기독교서회, 2003. 12.)에 잘 나와 있다. 비우고 낮추는 데에 최고의 기도문이다. 이는 언제 어디서든 이 기도를 반복함으로 해서 예수 그리스도의 자비를 구하는 것이다. 예수의 자비를 구하면서 스스로가 자비로운 존재가 되어가는 기적을 보인다. 만물과 하나 되는 일체의 세계가 된다.

경은 머리맡에서 집힌 대로 읽었다. 쵸감 트룽파의 책과 고엔카의 글을 읽었다. 공관복음 중심으로 성경을 읽었다. 특히 톨스토이의 요약복음서와 함께 나그함마디 문서로 알려진 도마복음을 음미하며 완독했다. 도마복음은 은유와 상징, 대립어가 많아 난해하지만 주해서보다 원문을 여러 번 읽는 게 좋다.

단식이 진행될수록 몸은 가벼워지고 여러 기초적인 욕구들이 잦아든다. 사물이 명료해지면서 몸과 마음은 자극에 섬세하게 반응한다. 몸속을 돌고 있는 피가 느껴지고 숨이 드나드는 것이 보이기도 한다. 이 때 '몸은 하나님의 성전'이라는 말이 인상적으로 읽혔다. 단식 중이라 더 그랬을 것이다. 몸을 흔히 '영혼이 머무는 집'이라고 하는데 같은 의미다. 하나님은 나의 영이니까. 껌딱지 같던 식탐이란 놈이 저만치 물러나 앉았다.

아침에 일어날 때와 밤에 잠자리에 들 때 방과 마루를 쓸고 닦듯이 영혼이 깃들어 있는 몸을 늘 정갈하게 하고 삿된 생각이나 부질없는 욕망이 스미지 않도록 관리하는 것이 신성한 의무처럼 여겨졌다.

누가복음 17장에서는 하나님의 나라는 특정 시간과 공간 속에 있지 않고 내 안에 있다고 했다. 요한복음 3장에서는 '하나님이란 사람 속에 들어있는 영'이라고 했다. 도마복음은 더 강렬하게 말한다. 우리는 빛으로부터 왔고 모두 하나님의 아들들이라고 말한다. 그러니 '예수 형님'이라는 말이 나올 법도 하다. 한 아버지의 같은 자식이니까.

불교에서는 말로 짓는 구업, 마음으로 짓는 의업, 몸으로 짓는 신업(행업)을 말한다. 여기에 음식으로 짓는 식업을 추가하고 싶다. 음식으로 짓는 업이 만만찮다. 맛집 기행이니 식도락이니 하면서 맛 칼럼리스트들의 혀 놀림, 글 놀림을 경계해야 할 것이다. 세상을 망치고 몸을 망칠 수 있다. 몸을 거룩한 성전처럼 가꾸는 것. 그러기 위해서 몸을 대청소한다고 할까. 초기화라 할까. 한식도 양식도 아닌 단식. 새해 다짐이 있다면 단식을 출발점 삼아보면 어떨까.

사회적 단식도 좋다. 사회적 단식이란 작은 사회 단위가 모든 것을 멈추는 것이다. 버스도, 택시도, 인터넷도, 전기도, 가스도, 수도도 모두 딱 멈추는 것이다.

지구의 날에 10분 전등 끄기를 하듯이.

모든 걸 딱 멈춰 보면 새로운 경지가 열릴 것이다. 장담한다.

단식에서 나는 세 가지를 주목한다. 하나는 아난다 마르가*에서 하는 에카다쉬 단식이다. 둘째는 오토파지와 시르투인 효소다. 세 번째는 〈절제의 경제학〉이라는 책이다.

에카다쉬 단식은 달의 주기에 맞춰서 하는 단식인데 흥미로운 점이 많다. 에카다쉬는 산스크리트어로 11번째 날이란 뜻이다. 음력 초하루와 보름에서 각각 11번째 날인 음력 12일과 26일에 하는 단식을 에카다쉬 단식이라고 한다.

음력 그믐과 보름날엔 조수간만의 차이가 가장 큰데 그때 우리 몸에도 미세한 변화가 일어나고 그 영향으로 사람들이 산만해지고 집중력이 낮아져서 통계적으로 사건 사고가 많다고 한다.

병원에서는 환자의 행동이 보름과 초하루에 더 혼란스럽고 비정상적으로 된다고 보고된다. 그래서 아난다 마르가 입문자들은 12일과 26일에 단식을 하지만 다다지와 디디지라 불리는 출가자들은 보름과 초하루를 포함해서 한 달에 4번 단식한다.

오토파지(Autophagy, autophagocytosis)는 단식과 뗄레야 뗄 수

---

* 아난다 마르가(Ananda Marga)는 자아완성(깨달음)과 사회봉사를 목적으로, 아난다무르띠(Anandamurti)라는 스승이 1955년에 인도에서 설립한 영성·봉사 단체이다. 아난다 마르가는 탄트라 요가/명상을 근간으로 하는 과학적이고 실천적인 수행 방법을 전수해주고 있다. 자신에게 있는 신성(완전성)을 얻는 방법을 제시하고 있다. 또한 자신만의 깨달음을 구하는데 그치지 않고 자기와 함께하는 사회 전체의 생명체와 무생명체에 대한 봉사의 삶을 살아야 한다는 점을 강조한다.
(출처:한국아난다마르가명상요가협회. https://cafe.daum.net/anandamarga)

없는 관계다. 자가소화작용(그리스어 (auto → 자신의, phagein → 먹다))이라고도 하는 오토파지는 그냥 '자가포식'으로 이해하면 된다.

스트레스에 대한 적응 반응으로 생존을 증진시키는 것이 관찰되기도 한다. 벨기에 생화학자 크리스티앙 드뒤브에 의해 1962년에 명명되었는데 1990년대부터 오스미 요시노리에 의해 자가소화작용의 자가소화작용(자가포식)이 본격적으로 연구되었고, 이를 통해 2016년 노벨상 생리의학상을 수상했다. 단식을 하면 오토파지 현상이 왕성해진다고 한다.

이때 장수 유전자인 시르투인(sirtuin) 유전자가 활동하는데 노화를 늦출 수 있는 것으로 알려져 있다. 오직 칼로리를 제한하고 공복인 상태를 일정 시간 유지할 때 이 유전자가 작동한다고 한다.

세 번째로 〈절제의 경제학〉이라는 책을 권하고자 한다. 운명과 의지의 관계도 생생하게 나온다. 저자는 200년 전 사람인 미즈노 남보쿠다. 역전에 역전을 거듭하는 그의 삶이 잘 담겨있다. 극도의 절식과 소식이 담긴 책이다. 도서출판 따비에서 나온 '음식을 끊다'도 아주 감명 깊게 읽은 책이다. 단식은 자신을 찾아가는 여행이라고 부제를 단 책이다.

단식에 대한 전문가들의 엇갈리는 견해가 있다는 걸 안다. 이럴 때 흔히 다친 동물들 예를 든다. 동물들은 다치거나 아프면 본능적으로 단식을 한다는 사실이다. 그러나 인간은 아프면 어떻게 해서든 먹으려고 한다. 기운 차려야 한다면서. 자연의 건강원리와 매우 동떨어진 선택이라는 것이 단식의 효용을 말하는 사람들의 일관된 견해다.

몸이 아플 때는 식욕이 떨어진다. 이는 우리의 몸이 본능적으로 단식을 하여 몸을 정화시키고자 하는 현상이다. 사람들은 대개 이를 무시한다. 몸의 신호에 둔감해서다. 동서고금을 통해 성인과 영적 스승들은 자주 단식을 했다. 육체의 건강만을 위해서가 아니라 마음과 영혼의 승화를 위해서다. 단식은 건강과 자기 치유뿐 아니라 영적인 힘과 '신성과의 접속'을 얻기 위한 통로로 이해되었다. 구약의 모세가 시나이산에 올라서 십계명을 받기 전에 40일 단식을 했고 예수 역시 40일간 단식을 하고 나서 공생애를 시작했다.

붓다 역시 단식을 자주 해서 그의 마음이 3차원 육체계(Physical world)에서 벗어나 더 높은 의식 상태로 올라갔다.

단식에 해당되는 인도어는 우파바스(Upavas)라고 하는데 그것은 단지 먹고 마시지 않는다는 의미가 아니라 신성에게로 더 가까이 간다는 영적인 의미가 있다고 한다. 즉 '지고의 의식(Supreme Consciousness)에 가까이 머물러 있는 것'을 뜻한다.

단식의 구체적인 방법은 관심을 가지고 찾아보면 좋은 사례와 자료를 만날 수 있을 것이다.

# 두릅 따기와
# 비옷 두 벌

내 밥그릇의 크기를 자꾸 옆 사람 밥그릇에 견주는 경우가 있다. 멀거니 잘 먹던 내 밥그릇이 옆 사람 밥그릇과 비교될 때 내 밥의 알맞은 양은 뒷전이고 많고 적음만 따진다. 상점에 가서 식료품을 살 때도 유통기한이 한참 남은 것을 고르는 사람이 있다. 자기 냉장고 음식은 유통기간이 얼마 남지 않은 것부터 먹으면서도. 밥은 이웃과 관계 맺음의 시금석이다.

주말이다. 그제부터 어제까지 이틀 동안 비가 왔다. 더구나 이른 아침이다. 이 세 가지 조건이 갖춰지는 게 쉽지 않다. 주말이고, 비 온 뒤고, 이른 아침. 이럴 때는 선택의 여지가 없다. 배낭을 어깨에 메고 손에는 양파 자루 서너 개를 쥐고 산에 오른다.

뒤를 돌아보며 동정을 살펴야 한다. 걸음 속도도 조절한다. 추격하는 토벌대처럼 뒤따르는 자가 있는지에 따라 설렁설렁 건성으로 둘러보며 발걸음을 급히 옮길 건지, 꼼꼼히 주변을 살펴 가며 천천히 걸어야 하는지 예리하고 신속한 판단이 필요하다.

왜?

도시에서 온 사람들이 야산에 득실거리는 걸 눈 뜨고 볼 수 없다. 주말이면 시커먼 대형 승용차를 끌고 오는 도시 사람들. 도시에 살기에 도시 사람이지만 알고 보면 다 이곳 시골에서 태어나 객지살이하면서 도시물에 절은 사람들이다. 내가 이들과 투지 높은 경쟁의식을 갖게 된 내력이 있다. 이들은 도무지 내일이 없는 사람처럼 군다.

이웃을 생각하지 않는다. 낫이나 곡괭이를 들고 한 번 산을 훑어버리면 곳곳에 두릅나무는 찍혀서 잘려있고 야생 머위는 뿌리째 뽑혀 서울로 실려간다. 야생 오가피나무 순을 한 잎도 남기지 않고 따기 때문에 나무는 말라 죽는다. 엄나무도 이들에게 걸렸다가는 잎은 물론 가지들이 사정없이 꺾여나간다.

내가 꺾여나가는 이들 식생이 가엾어서 이런다고 장담할 수는 없다. 내 몫, 두릅이건 산나물이건, 새순이건 내가 동네 사람 숫자를 기준으로 엔 분의 일(1/n)은 가져야 하지 않냐는 소박한 내 몫 의식의 발로임을 숨기지는 않겠다.

왁자지껄 앞마당에 개를 잡아 굽는 날에는 나는 두통에 시달린다. 동물보호법이 강화되어 엄연히 처벌 대상인데도 개를 불에 그을려 잡는다. 진동하는 그 노린내! 캔 커피와 꽁초, 담뱃갑이 길거리에 나뒹군다. 어른들의 방심이 이러하니 아이들은 안 시켜도 잘 따라 한다. 아이스크림 봉지를 아무 데나 버리고 소형 폭죽을 여기저기로 쏘아 댄다. 신고? 큰일 날 소리! '고향'을 이렇게 만만하게 여기고 맘껏 착취해도 되는 대상으로 여기는 사람들이라 고향이란 자기 앞마당이다. 신고라니. 그야말로 큰일 날 소리다.

그래서 나는 코로나19를 원망한다. 감염률이 높고 노약자가 먼저 죽어 나가는 현실 때문이기도 하지만 도시 사람들이 주말이나 연휴 때면 더 시골로 몰려와서다. 시골에 사는 꼬부랑 부모님 뵈러 온다는 구실이지만 코로나19로부터의 피신 행렬이기도 하다. 금요일 밤에 도착하는 무리도 있다.

아들과 며느리, 사위와 딸들이 여기저기 흩어져 살면서 평소 얼마나 살갑게 어우러져 사는지는 모르겠지만 시골집에 와서 소란하게 서로 반색을 하는 걸 봐서는 그렇지도 않아 보인다.

주말이 되면 나는 구석에 처박아 둔 마스크를 꺼낸다. 시골 동네는 평소에 마스크 안 쓰고 산다. 나는 이제껏 마스크를 한 장도 안 샀다. 들깨 타작하거나 콩 타작할 때 쓰던 마스크 꺼내서 빨아 썼다. 새로 사야 할 정도로 마스크 쓰는 일이 없다.

동네 사람 아무도 마스크 안 쓴다. 이빨 빠진 톱날처럼 동네 집들이 군데군데 비어 있고 한 집에 한 사람씩 사는 형편이라 아주 아주 오래전부터 우리는 물리적 거리 두기를 솔선수범해 왔었다.

마스크가 필요 없다. 여긴 환기가 안 되는 곳이 없다. 문 꼭 걸어 닫고 있을 시간이 별로 없다. 마을회관 공동식사를 하지 말라한 면사무소 통지를 받은 뒤로는 각자 자기 집에서 (혼자) 밥 먹고 혼자 자고 혼자 일한다. 날 밝으면 눈 뜨고 눈 뜨면 일어난다.

요즘은 5시도 되기 전에 밝아온다. 산이나 들에서 일할 때의 환기 상태는 울트라, 수퍼, 초대형, 초강력 선풍기 이상이다. 마스크가 필요 없다. 주말, 도시 사람들 오지 않는 날엔 말이다.

## 코로나 뒤의 삶, 뉴 노멀?

시골로 주말마다 피신(?) 오는 분들에게 물어보진 못했지만, 그분들이 시골 와서 살 것 같지는 않다. 시골을 좋아하고 그래서 와서 살고 싶은 마음이라면 낫으로 두릅나무를 찍어내지는 않아야 하지 않을까.

시골이 감염병에 안전하다는 것을 본능적으로 알면서도 이성적으로 시골 와서 살아야겠다고 '삶의 전환' 또는 '개벽의 삶'을 생각하는 사람은 많아 보이지 않는다. 방송이나 신문에 나오는 전문가들도 그 점은 같다. 요즘은 신문 방송보다 유튜브가 득세하는 추세니까 신문, 방송, 유튜브라고 하자. 이런 곳에서 코로나가 계기가 된 새로운 시대 흐름에 따른 삶의 변화를 줄기차게 강조하는데 어떤 곳에서는 연속기획물로 다룬다. 등장인물들은 모두 전문가들이다. 그런데 아무도 시골, 농촌, 농업 이야기를 안 하는 게 신기하다. 환경 얘기가 좀 있기는 하지만 농업 얘기는 없다.

집단 감염은 도시에서 일어나고, 밀집 시설에서 일어나고, 와글거리는 장소에서 일어나고, 누가 누군지 모르는 익명의 사람들이 잠복 보균자일 수 있고 더 위험해서 이런 곳부터 집합금지 명령이 내려지는 걸 두 눈으로 보면서도 말이다.

서울의 인구밀도는 1km$^2$당 1만7000여 명으로 세계 1위라고 한다. 2위에 오른 멕시코의 수도 멕시코시티(8400명)의 2배이며, 미국 뉴욕(2050명)과 오스트레일리아 시드니(2100명)의 8배라고 한다. 근데 서울 중에서도 양천구는 인구밀도가 2만9000명이나 된다. 이래저래 서울은 코로나가 세계에서 가장 좋아할 도시다.

인도 어느 도시에서는 물리적 거리 두기를 잘 하라고 하면서 큰 우산을 무료로 나눠 주는 모양이다. 비가 오는 날이건 맑은 날이건 이 큰 우산을 쓰고 다니라고 한단다. 세계 최고의 인구밀도를 자랑하는 서울에도 이런 식의 강제로라도 서로 떨어지게 해야 할지 모르겠다. 돈 냄새 잘 맡는 어느 아이티 업체는 스마트폰에 앱을 깔면 2미터 안에 사람이 접근되면 삐~ 하는 경보음이 나는 걸 개발한 모양이다.

우리의 시골은 인도의 어느 대도시처럼 우산이 없어도 된다. 가까이에 사람이 아예 없다. 근데 왜 전문가들은 "시골로 가서 살아라." "농촌을 살리는 정책이 코로나 근본 대책이다." "농촌인구를 늘여야 한다." "국민 기본소득을 빨리 실현해서 도시에서 바글바글 살지 말고 시골 가서 널찍하게 살도록 해야 한다."라는 주장을 아무도 안 할까?

이스라엘 히브리대 교수인 유발 하리리나 〈문명의 붕괴〉를 쓴 재래드 다이아몬드 같은 사람은 물론 우리나라의 대표적인 전문가분들도 그런 얘기 안 한다. 다들 경제, 무역, 대면/비대면, 교육, 온라인 쇼핑 등의 얘기만 한다. 감염병이 창궐하면 저절로 그렇게 되는 걸 누가 모를까? 안 만나고 안 가고 안 뭉쳐야 하는 걸 모를까? 그걸 전제로 사회, 문화, 경제가 바뀌는 걸 모를까? 이런 부분들은 예측이고 말고 할 필요도 없다. 물이 아래로 흐를 거라고 '예측'이 필요한가?

### 물리적 거리 두기? 생태적 관계 회복이 답이다

코로나도 응급 대응이 있고 중장기 근본 대책이 있어야 한다. 비대면 온라인 강의를 한다? 마트나 백화점 가지 않고 온라인 쇼핑을 한다? 무역에 목매는 대외 의존형 경제를 벗어나 자립경제를 한다? 지나치게 빈번한 외출을 삼가도록 공연도 쌍방향 온라인으로 한다? 그래. 다 좋다. 그러면 끝인가? 아니다. 시골로 가야 한다. 농사를 지어야 한다. 자연과 혈족 관계가 되어야 한다. 단절된 생태적 관계를 어서 복원해야 한다. 이것이야말로 코로나가 아예 발붙이지 못하게 하는 근본 대책이다.

최근에 나온 〈언컨택트〉, 〈미래 시나리오 2021〉을 다 읽었다. 2%가 부족하다는 생각을 지울 수 없다. 산업이 어떻게 바뀔지 정교하게 분석/예측한다. 새로운 고부가 가치 산업을 이야기하고 있다. e스포츠 시장이 커질 거라고 '예측'한다. 참 한가한 사람들이다. 설사가 나면 일단 하던 일 멈추고 아무것도 안 먹어야 한다. 물도 안 먹어야 한다. 지사제 먹고 항염 식품 먹으면서 하던 일 계속하면 말을 못 해서 그렇지 몸은 엄청나게 고생한다.

당장 지사제 먹는 것은 이해하기로 하자. 그다음에는 꼭! 절대 상한 음식 안 먹어야 한다고 자신을 닦달해야 한다. 폭식이나 음양이 엇나간 음식 금해야 한다고 다짐해야 한다.

설사 때 해야 하는 단식과 금식이 코로나 사태에서는 뭘까? 생태 관계 회복이다. 인간과 세상 만물이 인드라망 그물코처럼 얽혀 있음을 알아채고 서로 얽히고설켜서 살아야 한다는 것이다.

방역과 비대면과 온라인은 응급처방이다. 응급실에서 평생 살 것인가? 코로나 덕분에 파란 하늘을 보게 되었지만, 택배 물량이 많아지니까 택배 쓰레기가 산을 이루고 택배 노동자가 쓰러지는 모습이 보이지 않는가? 물풍선처럼 이곳을 누르면 저곳이 솟구치는 꼴이다.

자연생태계 파괴가 주원인인데 지금과 같은 생산, 지금과 같은 풍요, 지금과 같은 소비를 계속하는 걸 전제로 예측하고 계획을 세울 것인가. 가슴이 답답하다. 인류는 코로나의 먹이로 전락할 것이다. 전 국토를 방역이라는 이름으로 피부질환과 암을 유발하는 소독약으로 덮어 씌울 것인가. 친환경 방역? 화학약품이 친

환경이 되는 과정에서 환경은 또 파괴된다.

## 출산장려? 신제품 박람회? 5천 원짜리 티셔츠?

1984년에 우리나라 인구가 4000만을 돌파했다. 화들짝 놀란 정부는 "한 명씩 낳아도 한반도는 초만원"이라고 난리를 쳤다. 2022년 10월의 한국 인구? 5100만을 웃돈다. 출산장려를 하고 있다. 인구는 줄어야 한다. 기계와 인공지능이 일을 하면서 실업자는 계속 늘 것이다. 경제활동인구라는 옛 기준으로 인구문제를 판단할 수 없다. 평균연령이 늘었다.

구글이건 삼성이건 스마트폰을 6개월 단위로 신품을 내놓는다. 쓰고 있는 멀쩡한 스마트폰을 구박하게 만든다. 내일이면 쓰레기가 될 상품을 오늘 무지막지하게 생산하는 게 어제오늘 일도 아니다. 세계적인 현상이다. 그러니 5천 원짜리 티셔츠가 나돈다. 빨아 입거나 기워 입는 것보다 새로 사 입는 게 싼 기적(비극)이 일어나고 있다. 새로 사는 게 더 싼 것이 어디 티셔츠뿐인가. 구두, 운동화, 가방 등 부지기수다. 모두 다 코로나의 먹이들이다. 코로나가 바로 거기에 기생한다.

최소한 모든 신제품은 1년 이내에는 출시하지 못하게 해야 한다. 삼성이나 구글은 신기술을 6개월마다 개발하는 게 아니다. 3년 치 5년 치 신제품 기술이 다 있다. 소비자를 후리기 위해 신제품에 기술을 찔끔찔끔 얹을 뿐이다.

소비를 조장하는 모든 광고를 금해야 한다. 이 나라 저 나라 떠돌며 여는 신품 박람회. 당연히 금해야 한다. 국제 조약으로 금해야 한다. 모든 소비와 모든 물질적 풍요는 코로나의 먹잇감이다. 물건 많이 사면 마일리지 주는 행위 못하게 해야 한다. 물건 많이 사면 환경부담금 물려야 한다. 자동차 5부제니 2부제니 하는데 아예 나처럼 자동차 없애고 자전거 타거나 걷는 사람들에게 환경 기여금이나 환경생태소득 지급해야 한다.

이렇게 말하면 "뭘 먹고 살아?"라고 할지 모른다. 그런 말 하면 안 된다. 지금 우리는 조선시대 왕족보다 더 잘 먹고 잘살고 있다. 지구 자원은 넉넉해서 자기 회복력을 가졌었다. 그러나 계속되는 자연 파괴로 그 한계가 드러나고 있다는 걸 알아야 한다. 작금의 기후 폭동은 지구가 신열이 나고 몸살로 펄펄 끓는 모습이다.

어떻게든 성장해 볼까, 발전해 볼까, 새로운 시장이 열리는 곳은 어딜까? 이럴 때는 돈벌이가 어디가 좋을까. 이런 관점에서 전문가들이 말하면 안 된다. 자연과의 관계를 온전히 회복하고 국민 기본소득 경제시스템을 하나씩 구축해야 한다. 이 두 축이 살길이다. 두릅나무가 잘리면 내년에 두릅 맛 못 본다.

### 자전거의 힘을 아는가

자전거를 타고 우리 고장 제법 큰 행사장에 갔다. 오래된 민원이 해결되었다. 자전거의 힘은 세다. 정말 세다. 자전거가 '진정성'

의 상징이 된 것이다.

그날은 참 무더웠다. 장마가 끝나고 뒤늦은 무더위가 찾아와서 행정안전부와 도청, 이장으로부터 폭염 특보가 발령되었다는 문자가 빗발쳤다. 물을 자주 마셔라, 오후에는 작업장에 나가지 말아라, 야외활동을 자제하라는 내용이었다.

이날 나는 뜻하지 않게도 소원 하나가 해결되었다. 작년 말부터 오매불망 간절했던 소원이. 소원 수리의 가장 큰 공로자는 군의회 의장도, 군청 담당 과장도 아닌 자전거였다.

몇 차례의 요청에도 해결되지 않던 민원이라 까맣게 잊고 있었는데, 이날 군청과 의회에서 번갈아 전화가 걸려오더니 주민 간담회를 열겠다면서 날짜를 잡자는 것이었다. 처음에는 무슨 간담회를 말하는지 어리둥절했다. 그럴 정도로 포기하고 있었던 민원이었다.

대담하게도 무더위 속에 자전거를 타고 21㎞를 달려 1시간 10분여 만에 군청 옆 행사장에 갔던 것이 발단이었다.

한여름임에도 코로나19 탓에 다들 마스크를 쓴 채 행사를 치르다 보니 너도나도 부채 하나씩을 들고는 주최 측에서 준비한 냉차를 마시며 더위를 쫓고 있었는데 자전거를 타고 온 나를 외계인처럼 바라보았다. 놀라움과 함께 무모하다는 표정들이었다.

그중에는 군의회 의장이 있었다. 〈녹색평론〉을 같이 구독하던 후배인데 두 번이나 내 곁에 와서 괜찮냐고 안부를 물었다. 어떻게 자전거로 여기까지 올 생각을 했냐면서 철학이 없으면 할 수 없는 일이라느니, 부럽다느니 하면서.

인사치레려니 하고 넘겼는데 그게 아니었다. 집으로 돌아오는 길에 군의회와 군청으로부터 전화를 번갈아 가며 받아야 했으니까 말이다. 그분이 연락을 취한 모양이다. 전희식의 민원을 해결해 보라고.

전화와 문자, 그리고 군청 홈페이지에 정식으로 제안한 민원은 교통문제였다. 교통 불편 오지 마을에 운행하는 1000원 '행복택시'의 운영과 관련해 몇 가지 불합리한 점을 제기하면서 주민 간담회를 하자는 것이었다.

군청 홈페이지에 달린 답변은 3월 초였는데 관청에서 흔하게 하는 맹물 같은 답변이었다. 경청하고 검토하고 논의하여 조만간 해결해 보겠다는 답변. 그래서 나는 별로 행복하지 않은 '행복택시' 문제는 아예 포기하고 있었다.

그런데 일사천리였다. 전화를 몇 차례 걸어오더니 두루 가능한 날짜를 잡았다면서 바로 간담회가 열렸다. 5개월이 지나도록 함흥차사였던 주민 간담회가 딱 4일 만에 열린 것이다. 내가 사는 면 소재지로 다들 오셨다. 음식점도 나더러 고르라고 하고 메뉴도 정하라고 했다. 주권자 대접을 거나하게 받는 순간이었다.

그렇게 11명이 모였다. 군청과 군의회 담당 직원이 세 명씩 나왔고 간담회를 성사시킨 의회 의장을 비롯해 이해 당사자인 택시

기사 등, 이야기도 술술 풀렸다. 원래 합의를 목적으로 한 자리가 아니었으니 만남 자체로 충분했다.

자전거의 힘을 실감하지 않을 수 없었다. 사실 그렇다. 계산해 보면 자전거가 얼마나 힘이 센 물건인지 알 수 있다.

사람 하나를 옮기려면 농가에서 타는 트럭일 경우 1800㎏이 동원된다. 사람 40명을 옮기는 버스는 1만 5000㎏ 다. 1인당 약 400㎏이 동원되는 셈이다. 내 자전거는 17㎏이다. 17㎏으로 한 사람을 옮기니 얼마나 힘이 센가? 건강도 좋아진다.

논리 정연한 청원서나 거듭된 전화도 해결 못 했던 주민 간담회를 자전거가 했으니 설득력도 자전거가 최고다.

## 비옷이 두 벌 된 까닭

왕복 택배로 인한 온실가스 발생을 막으려다 생긴 일이 하나 있다. 의도가 좋았는데 결과도 좋았다. 설명을 하자면 이렇다.


"(주)○○○○ 사후 서비스 담당자님께. 엊그제 친절한 상담 고맙습니다. (주)○○○○의 남성용 비옷 모자에 문제가 있어 상담했던 사람입니다. 말씀은 고맙지만 이 비옷을 그냥 입을게요. 왕복 택배비도 부담해 주시고 무료로 수선을 해 주신다지만 계속 마음이 개운치가 않아 여태 옷을 보내지 못하다가 이렇게 편지를 씁니다.

모자에 달린 단추 구멍 몇 개 때문에 비옷이 택배로 오가면서 발생하는 비용과 수선과정에 드는 에너지는 결국 우리 인류가 감당해야 한다는 부담감이 생겼습니다. 기후위기 초래라는 온실가스 발생은 제가 옷을 바로 보낼 수 없게 했습니다. 불편해도 그냥 입기로 했습니다. 앞으로 이런 실수가 안 생기도록 해 주시면 고맙겠습니다."

내가 보낸 편지 전문이다. 꽤 규모가 있어 보이는 비옷 만드는 회사에 보낸 것이다. 위 편지만 보면 무슨 일인지 알 듯 말 듯 할 것이다. 사연은 이렇다.

온라인으로 비옷을 샀는데 믿기지 않는 일이 생겼다. 윗도리 목둘레 깃과 비옷의 모자를 연결해주는 똑딱이 단추가 서로 엇갈려 있었다. 모자에는 숫 단추가 여섯 개 달렸지만 윗도리 옷깃에는 암 단추가 다섯 개였다. 그러니 단추 간격이 서로 맞지 않아 끼울 수가 없었다. 정말 믿기지 않는 사건이었다.

직공이 실수한 것인지, 기계가 오작동했는지 모르지만 어이가 없으면서 우습기도 했다. 그 작업을 할 때 직원이 깜빡 졸았을까? 다른 모델 비옷 모자를 바꿔 보낸 걸까? 어떻게 생각해도 아귀가 맞지를 않았다.

비옷 안쪽 하단에 달린 명판에 회사 전화번호가 있기에 전화를 걸었다. 또박또박 설명했지만 상냥한 목소리의 사후 서비스 상담 직원은 그럴 리가 없다는 식으로 대답을 했다. 그런 일은 생길 수도 없고 그런 사례도 없다는 것이다.

치수만 다를 뿐 그 회사의 비옷 모델은 하나뿐이라고 했다. 내 주장을 늦수그레한 시골 노인의 착시 정도로 여기는 듯했다. 결국 우리가 합의를 본 것은 사진을 찍어 보내는 것이었다. 그 직원도 과감(?)하게 개인 휴대폰 번호를 개방했다. 드문 일이라고 하면서.

어리숙한 시골 노인네라는 혐의라도 벗을 양으로 나는 양쪽 사진을 각각 찍었을 뿐 아니라 비옷과 모자의 암 단추, 숫 단추가 일렬로 놓이게 한 사진도 찍었다. 단추 위치가 엇갈려 있는 것을 확실하게 확인시켰다. 그제야 상담 직원은 내 말을 곧이들었다. 그리고는 몇 번 죄송하다고 하면서 택배로 보내면 수선해서 보내 주겠다고 했다.

내가 다시 전화를 건 것은 모자만 제대로 된 것을 하나 보내달라는 것이었다. 그 회사에서 다 부담한다지만 왕복 택배비가 마음에 걸려서였다. 그러나 직원은 그럴 수 없다고 했다. 실물을 놓고 다각도로 검토해서 이런 일이 발생한 원인도 찾겠다는 것이다. 여기까지 읽은 분들은 이제 이해가 될 것이다. 무슨 일이 생겼던 것인지.

이렇게 해서 모든 게 원만하게 끝난 줄 알았다. 이렇게 끝났다면 나는 이런 글을 쓰지 않았을 것이다. 한참 뒤에 우리 집으로 똑같은 치수의 새 비옷이 한 벌 왔다. 비옷을 새로 보내니 받아 달라는 쪽지와 함께. 내 편지를 받고 고마워서 보내는 것이라고 했다.

나는 모자 똑딱이 단추가 엇갈린 희귀한 비옷을 샀다가 비옷이 두 벌이 된 것이다.

### "와 정말?"의 변천사

어느 모임에 갔는데 나만 빼놓고 모인 사람의 수만큼 자동차가 왔다. 4년째 자동차 없이 자전거로 살아가는 나를 보고 "와 정말?" 하면서 다들 놀라워했다. 여성 한 분이 자기 집은 전기가 안 들어온다고 했다. 그녀는 수도도 없어서 계곡물을 먹는다고 했다. 다들 내게 쏠렸던 시선을 거두고 그녀만 바라봤다. 벌어진 입을 다물지 못했다. 그게 가능하냐는 사람, 어딘지 꼭 가 보고 싶다는 사람, 너무 행복할 것 같다는 사람 등 부러운 눈치를 감추지 않았다.

인사를 나누다보니 우연찮게도 내 고향 함양 사는 사람이었다. 안의면 용추계곡 쪽이란다. 얼른 내가 안의 중학교를 나왔다고 하니까 반색을 했다. 당연히 그다음 얘기는 한국 사람 인사 나누는 자리의 공통분모인 안의 중학교 몇 회냐? 아무개 아느냐, 누구랑은 어떻게 되느냐는 얘기로 이어졌다.

1989년도인가 싶다. 우리 애가 서울 불광동의 어느 병원에서 태어났다. 퇴원을 할 때 인천 집까지 택시를 불러야 하나 어쩌나 궁리하던 차에 한 후배가 "선배님, 내 차 가져갈까?" 했다. 내 입에서 나도 모르게 "와 정말?" 했다. 그는 우리 그룹에서 유일하게 자가용을 가지고 있었다(그는 인천시장을 지낸 ***이다). 30여 년 간극

142

을 두고 자가용 있고 없고의 신세가 역전되었다고 하겠다. 자가용 없는 게 부러움의 대상이 될 줄 누가 알았겠는가.

상전벽해라는 말이 있다. 세상은 몰라볼 정도로 빠르게 변한다는 말이다. 우리가 어떤 방향에서 어떤 속도로 변해 왔는지를 깊은 시선으로 돌아보면 세상이 어디로 흘러가는지 보인다. 그런 내일을 두고 어떤 이는 부정하고 어떤 이는 대비한다.

흡연 유해성 논란이 티브이 토론장에까지 나와서 치열하게 갑론을박할 때 흡연구역을 벗어나 공원이나 길거리에서 담배를 피우면 고액의 벌금을 내야 하는 오늘의 현실을 그 누가 상상이나 할 수 있었겠는가. 승용차나 고속버스는 제조 단계에서부터 재떨이가 달려 있던 시절이었다.

몇 가지 상상이 가능하겠다. 아직도 어떤 이들은 북이니 남이니 하면서 헐뜯고 핏대를 세우지만 100년이 안 지나서 '남북시대'라 부르는 날이 오지 않을까 싶다. '한국'과 '조선'이 양립하던 남·북 시대가 있었다고 회상하는 날이 머지않을 것으로 본다. 교과서에 실린 신라, 백제, 고구려를 우리가 아무 애증 없이 '삼국시대'라 부르듯이 말이다. 북은 자주성을 잃지 않았지만 남은 미국의 속국에 가까웠다고 떠올릴 것이다.

'미투 운동'이 진행되면서 여성혐오, 남성혐오라는 말이 횡행하지만 십수 년만 지나도 지금의 결혼제도는 대폭 바뀌고, 젠더로서의 성에 대한 사회적 경계가 지금처럼 엄격하지 않을 것이다.

남·녀 간의 결합 형태와 방식도 사회적 억압 장치들이 없어지면서 보다 자유로워질 것이다. 족보나 비석에 부인과 딸아이 이름은 거론도 않는 폭력적이기조차 한 관습은 웃음거리가 될 것이다.

최근 미국에서 매우 중요한 법원 판결이 하나 나왔다. "와 정말?" 싶었다. 이 보도를 보면서 나는 인류 문명과 농업 판도의 전환을 강제하는 서막으로 느꼈다. 지난 2018년 8월이었다. 미국 캘리포니아 법원은 학교에서 정원을 관리하는 노동자가 제초제 글리포세이트로 인해 암에 걸린 것이 인정된다며 몬산토에 무려 약 3265억원을 배상하라고 판결한 것이다.

보상이 아니라 배상이다. 제초제 제조를 아예 불법행위로 단죄한 것이다. 이 판결은 화학농업의 본토 미국에서 반 화학 문명, 반 화학의 농사가 시작되었다는 징조로 봐도 될 것이다. 수십 년 전 역시 미국에서 피고가 되어 법정에 선 담배회사에게 폐암환자 쪽에 배상하라는 판결의 판박이다.

정부에서 스마트팜 혁신밸리 조성계획이 나왔다. 전형적인 화학·전자·기계 농업이다. 소득 주도 성장이냐 이윤 주도 성장이냐로 정치권이 뜨겁다. 둘 다 성장에 중독된 논리다. 이미 우리에게 내면화되어 그걸 느끼지도 못하는 단계에 와 있는 고성장 시대는 끝났다. 세계적 흐름이다.

폭염을 불러온 기후폭동시대를 겪으면서 유일한 대안은 화학·전자·성장·발전의 미신에서 벗어나는 것이다. 미세먼지, 우울증, 집단폐사, 암, 멸종의 대부분은 여기서 왔다. 화학제품과 그 대명사인 제초제가 담배 꼴이 되지 말라는 법이 없다.

용추계곡 여성의 말이 맴돈다. 스마트폰도 잘 안 터지는 집에 있으면 온 우주를 오롯이 느낄 수 있다고 했다. 감각과 감성이 살아나고 신성이 회복되는 순간일 것이다.

# 같이 먹는
# 밥

멀리 인도라는 나라까지 밥그릇을 나누었다. 대구를 넘어 인도까지. 북녘 동포는 물론이다. 밥은 나눠 먹어야 제맛이다. 특별히 계획을 세워서가 아니었다. 그냥 그렇게 되었다. 어쩌다 그렇게 되었다. 어쩌다 그렇게 되는 건 내면의 염원이 의식의 표층으로 드러난 것이리라.

꿀꿀한 연말 기분. 아는 사람은 알 것이다. 나이는 또 한 고개를 넘고 몸은 하루가 다르게 기력이 빠지는 사람은 알 것이다. 하루의 연속은 그대로지만 연말이라는 분위기는 연례행사처럼 쓸쓸함과 함께 부질없이 마음만 분주하다. 여행을 갈까 아니면 면벽수련을 할까 등등. 코로나 시대는 더 그렇다.

**연말**

갸륵하게도(?) 장수군 사회보장협회에 전화했다. 혹시, 춥고 배고픈 이웃이 없나 하고. 기다렸다는 듯이 회장이 답을 한다. "어젯밤에 홀라당 타버렸어. 불이 나서 집이 다 탔어."라면서 목소리가 축축하게 젖는다. 말을 잇지 못하고 정적이 흐른다. 이 엄동설한에 홀로 사시는 8순 할머니가 정신 줄까지 살짝 놓으신 할머니가 집이 타버렸으니 직접 목격한 사람으로서 정 많으신 우리의 회장님이 목이 메는가 보다.

이런 식이었다. 특별히 조밀한 계획을 세운 뒤에 진행된 게 아니라 어느 날 문득, 마치 신탁이라도 받듯 불쑥 어떤 계기가 왔고 그 계기를 향해 손을 내밀었으며 해결되는 과정에 보람과 흥겨움이 함께했다. 코로나19 봉사활동 얘기다.

손 아무개님. 이 분과의 인연도 그렇다. 글쎄 모르긴 몰라도 그 여성 농군이 내게 그 연락을 하게 된 것을 역추적해 보면 서산에서의 만남이었으리라. 고구마를 대구 시민들에게 보내고 싶다는 연락을 그녀가 내게 할 이유가 평상시라면 없다고 볼 수 있다.

한 주 전에 나는 충남 서산시 모 센터에 강의하러 갔다. 서산, 홍성, 아산 아이쿱에서 주최하는 행사에 강사로 가서 손 아무개님을 몇 년 만에 해후했다. 홍성에서 상당 규모의 유기 고구마를 재배하는 그녀가 일하다 다쳤다면서 한쪽 팔에 깁스붕대를 하고 있었다. 그래서 더 정담을 나누는 계기가 됐었다. 그런 만남은 고구마 대구 시민 후원 제안으로 이어지고.

처음에는 고구마 5킬로그램 100상자를 대구 시민들에게 코로나 후원으로 보내고 싶다면서 대구에 아는 사람들 주소를 모아 달라는 것이었다. 나는 감동했다. 그 비싼 유기농 고구마. 그렇다면 나는 인심 쓰듯이 대구에 아는 사람들 주소나 모을 것인가. 아니다. 그럴 수 없지. 100상자 택배비라도 보태드리자.

그래서 ○○만원을 손 아무개님에게 송금해 드렸다. 그리고는 택배비 모금운동에 나섰다.

### 고구마, 200상자가 300상자로

그 뒤로는 마른 장작에 불붙듯 했다. 100상자로 마감을 하려 했는데 접수된 주소가 120여 명 되어서 20여 상자 더 보내겠다는 손 아무개님의 연락을 받고 내가 모금한 택배비 전액을 다 보냈다.

깜짝 놀란 그분은 '에라 모르겠다. 20상자 더 보내느니 100상자 더 보내겠다.'라고 했다. 대구 시민들에게 보내는 고구마가 총 200상자가 된 셈이다. 속된 말로 단기간에 출하량(!)이 200%가 된 것이다. 폭풍 성장이다. 덩달아 기분이 올라간 나는 택배비 모금에 박차를 가하겠다고 다짐했다. 그때까지 택배비 모금이 120만 원까지 이른 상태였다.

해프닝으로 끝나긴 했지만, 사연을 알게 된 홍성지역 모 택배사 지역 지사장이 택배비를 50% 할인해 주겠다고 제안이 왔다가 본사에서 적극적으로 돕겠다면서 택배비 100% 할인 제안이 들어왔다고 한다. 깜짝 놀란 우리는 보낼 고구마를 300상자로 끌어

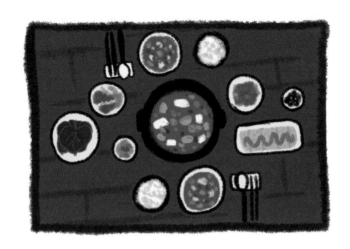

올렸다. 동네 할머니들은 낱품을 들여 고구마 선별과 포장에 열을 올렸다. 나중에 본사 계획이 철회되고 지사에서 50%만 지원되었다고 전해 들었다.

재미있는 상황은 계속되었다. 우리가 모두 명상 수행 단체인 '한국아난다마르가 요가명상협회' 회원이었던 고로 대구에 있는 회원들이 움직이기 시작했다. 고구마 보내기가 슬그머니 현미 떡 만들어 보내기, 현지 방역용품 나눠주기, 취약계층 찾아가서 (채식)도시락 전하기 등으로 활동이 확장되었다. 대구 회원이 평소 지역 관계가 좋았던 분이었다. 세월호 추모 행사 등에 춤을 추던 예술인이었던 게 지역 코로나 봉사활동에 크게 도움이 되었다는 후문이다.

대구에서의 일화들은 끝이 없다. 고구마 보내면서 생긴 일들도 상상을 초월한다. 사람의 심리가 이런 건가 싶기도 할 정도로 실망스런 일도 있고 반대로 감동이 밀려오는 일들도 있었다.

가장 큰 교훈은 어려운 때일수록 개인적으로 발버둥 치는 각자도생은 사태를 더 악화시킬 수 있지만 함께 손잡고 나눔의 삶으로 전환해 가면 서로 더 풍족해진다는 것이었다. 가령, 고구마를 그냥 받을 수 없다면서 착불로 택배를 보내 달라고 하시는 분들이 그런 예에 해당되겠고, 고구마를 아무 연고도 없는 전라도 분으로부터 받았으니 자기와 아무 연고가 없더라도 어려운 사람을 돕도록 하겠다는 다짐을 보내온 사람들의 예라 하겠다. 현미 떡과 채식 도시락을 만든 것은 우리가 채식단체이어서만은 아니다. 채식은 완전 음식이다. 최고의 건강식이다. 우리 단체의 본부가 있는 전북 완주에서 대구까지 떡을 해서 차에 싣고 가기도 했다.

나는 치밀한 계획을 세워서 일을 시작한 건 아니라고 했다. 그냥 선한 마음이 흘러가는 대로 내맡겼다고 하는 게 맞다. 즐겁게 일했고, 정성을 다했으며, 관계들을 잘 풀었다. 그래서일까. 멋진 아이디어들이 불쑥불쑥 솟았다.

가장 인상적인 것이 재난소득(지원금) 기부 운동이었다.

당시 정치권에서는 코로나 재난지원금을 주느니 마느니 또는 액수는 얼마가 적정하다느니 하는 논쟁이 심화되고 있었다. 당연히 지급 시기도 논란 중이었다. 오래 전부터 국민기본소득 운동을 했던 나는 이 기회를 국민기본소득 운동의 발판으로 삼고 싶었다. 나는 기본소득이야말로 우리 역사 흐름의 당연한 귀착점이 될 것이라고 보고 있었던 것이다. 인공지능이나 가상현실, 증강현실이 촉진될수록 인간 노동의 약화(종말)와 함께 기본 소득 개념이 등장할 수밖에 없다. 경제 정책의 주요 핵으로 부상할 것이라는 신념도 있었다.

그래서 '재난지원금'을 '재난기본소득'이라고 부르고, 4인 가구 100만 원, 1인 가구 40만 원을 주장하는 민주당의 주장에 힘을 실으려고 기부 운동을 벌이기로 한 것이다. 전 국민에게 주자, 아니다 돈 많은 사람에게 줄 필요 있느냐 선별적으로 주자 하는 논쟁을 차단하고 전 국민에게 주는 것을 목표로 삼았다. 그러면 재난지원금이라 부르건 재난기본소득이라 부르건 국민기본소득의 개념에 가까운 성격으로 돈이 지급되게 되는 것이다.

재난기본소득을 기부하자고 하면서 단돈 1000원도 좋다고 권했다. 네이버폼으로 제안한 기부 운동에 금세 79명이 화답했다. 제안자로서 나는 지원금 전액인 40만 원을 만져 보지도 않은 채 기부의사를 당국에 밝혔다. 솔직히 한 푼이 아쉬운 때이고 이 운동에 시간과 노력을 온통 쏟고 있는 판에 한 푼 벌이도 없어서 전액 기부라는 게 마냥 쉽지는 않았다.

글쎄, 이걸 하나님이 알았을까 천지신명이 나를 잊지 않아서일까. 재난소득 받았다는 사람들이 5만 원, 10만 원을 떼어서 내게 기부하겠다는 사람들이 나타났다. 정말 기막히고 숨 막히는 사건이었다. 서로 전혀 모르는 사람들이 그렇게 내게 통장 번호를 달라는 것이었다. 이렇게 기부받은 돈은 총액이 100만 원 가까이 되었다.

### 인도의 끔찍한 사태

아. 한숨 돌리는가 했더니 다른 나라에서 대구 못지않은 코로나19 대폭발이 있었다. 너무도 많이 밀려드는 시신을 처리할 수 없다 보니 냉동 팩에 넣어 냉동 트럭에 차곡차곡 쌓아 둔다는 미국의 소식은 이미 알고 있었고, 인도에서도 끔찍한 일들이 벌어지고 있었다. 화장장에서 처리할 수 있는 시신이 한계에 이르자 노천 길거리 화장장을 만들어 장작더미를 쌓아 놓고 시신을 불태우는 장면들이었다.

인도 돕기 운동을 벌이기로 했다.

사람이 태어나 살다가 어쨌든 지구를 떠나는데 마지막 의례치고 너무 심하다 싶었던 것이다. 길거리에서 많은 사람들과 카메라에 노출된 채 맨살이 불길에 시커멓게 타고 핏줄이 튀고 하는 모습. 얼마나 살풍경한가 말이다. 그래서 국적이 없고 비자 없이도 맘대로 국경을 넘는 코로나처럼 우리도 국경 의식 않고 인도를 돕기로 하고 역시 모금을 시작하였다.

어떻게 보면 이즈음 내 주변 지인들은 나한테 모금이라는 이름으로 돈을 내놓는 꼴이 되었을 것이다. 갈취라고는 할 수 없으나 거절할 수 없는 명분을 내세워 돈을 내라고 하니 아무리 부드럽고 상냥하게 말해도 부담이 되었을 것이다. 그래서 나 스스로 모금 활동의 당당함을 다진다는 차원에서 우리 아난다마르가 열성 회원들을 대상으로 모금운동의 대의와 그 방법론에 대한 강의(발제)를 하게 되었다.

가까이 지낸 고 박원순 전 서울시장의 참여연대나 희망재단 활동을 잘 알기에 이런 강의가 가능했으리라. 꼭 2년을 서울시 시민먹거리특별위원회 자문위원으로 서울시에 가서 활동했던 경험도 한몫했다. 나의 이 모금운동론이 주효해서일까. 모금은 제법 순조로웠다. 이런 게 사실은 심리적 빚이 되는 법인데 나는 개의치 않았다. 기부했던 지인이 나중에 무슨 일로 나에게 손을 내밀 때 내가 사정이 되면 돕는 것이고 사정이 안 되면 솔직하게 말하면 되리라 생각하면서 모금운동을 계속했다.

인도 돕기는 아난다마르가 회장이 주도했는데 내가 개인적으로 모금한 액수는 400만 원이 조금 넘었다. 인도에 송금한 총액은 3000만 원에 육박하는 것으로 기억한다. 대구 지역 돕기가 이렇게 국제 구호 운동까지 범위를 넓혀간 셈이다. 명상이나 기도는 이렇게 밥을 해결할 때 완성된다고 하겠다.

## 북한. 우리의 한 핏줄 돕기

옛말에 안 되는 놈은 뒤로 자빠져도 코가 깨진다는 말이 있다. 잘 되는 놈은 자다가도 떡이 생긴다고 했던가? 어떤 기운은 같은 결의 기운을 끌어들인다는 의미이다. 코로나 재난 사태의 구호 운동이 그런 셈이었다.

북한 혜산지역 물난리 소식을 듣고서다. 인도까지 마음을 보내서 구호 활동을 한 터에 북녘 동포를 향한 코로나 물난리 돕기를 못 할 건 아니었다. 휴전선만 없으면 서울에서 자동차로 한달음에 갈 수 있는 북녘. 북녘 돕기를 하기로 한 것이다.

내가 참여하는 여러 단체 카톡방 중에서 아주 깊이 있고 결속도 높은 한 단톡방에 제안했다. '원광대 평화연구소(소장 이재봉교수)'였다. 이재봉 교수는 동년배로서 내가 사는 이곳 장수지역에 모셔서 강의를 듣기도 했고 전주 고백교회 '한 몸 평화'의 같은 회원이기도 하다. 그래서 그곳에 제안문을 올렸는데 반응이 아주 폭발적이었다.

이 방은 이재봉 교수가 학교에서 하는 통일학 강의를 코로나 영향으로 온라인 중심의 개방형으로 진행하게 되면서 150여 일반인들이 모여서 통일학 강의를 듣고 조국 통일문제를 공유하는 공간이어서 서로 간의 공감대가 높은 곳이라 더 그랬을 것이다.

내 제안문은 정말 단순 소박했다. 반응이 어떻게 있을지 기대조차 없었다고 할 정도로 가볍고 가벼운 마음으로 제안문을 올렸다. 제안문이랄 것도 없다. 그냥 문자 몇 줄이었다.


　　우리 북녘 수해 돕기 모금 운동을 민간차원에서 해보는 건 어떨까요? 북녘 수해. 심각하네요. 이게 다 기후위기 때문이라죠? 기후위기 조장 주범은 한국, 미국 등 선진국인데 기후위기 현상은 전 지구적 차원이잖아요.
　　폭우가 내려도 선진국은 각종 첨단 방호시설과 지원금으로 피해가 적고, 인도나 북한처럼 가난한 나라들은 온실가스를 덜 만들었는데도 피해는 더 크게 보네요.


그러면서 북녘 물난리 기사를 연동했었다.

이 짧은 몇 줄에 한두 사람이 댓글을 달더니 금세 수십 명으로 늘었다. 그래서 따로 실무팀을 꾸리게 되었다. 내가 젊은 시절부터 비밀 지하조직에서부터 대중 시민단체와 진보정당 조직 활동까지 안 해 본 게 없어서 그 경험을 살려 신속하되 민주적 절차를 지키며 추진했다.

어찌 보면 코로나가 가져다준 북한과의 연결이었고 코로나가 준 통일학 실천이었다. 참 역설적이다. 코로나 때문에 피해를 본다고 난리들인데 코로나가 있어서 이런 신통방통한 일이 생기다니.

본격 활동에 돌입하려면 취지문 작성, 모금 기간 설정, 활동의 주체, 모금 통장 개설, 모금된 돈의 북한 전달 등이었다. 더구나 이런 일은 기본 원칙이 필요하다. 남북문제를 어렵게 하는 실정법이 시퍼렇게 살아 있으므로 공개성, 신속성, 대중성은 기본이다. 국보법 등 무슨 문제가 생길지 모르기 때문이다.

북한 주민 돕기가 원활하게 진행될 수 있었던 것은 몇 년 사이에 남북 정상회담이 세 차례나 열리고, 민간 교류의 물꼬가 트인 덕이었다. 무슨 일이건 다 그렇듯 첫 제안자인 내가 거의 모든 실무를 도맡다시피 했다. '원광대 평화연구소' 단톡방 사람들 명의로 일이 추진되었고 모금 통장은 공신력을 위해 원광대 평화연구소의 별도 법인 통장을 쓰게 되었다.

내가 쓴 모금 취지문. 다들 흡족해했다. 배경 그림으로 한반도기를 넣었다. 취지문에는 "…남녘 사람들의 어려움을 모르지 않습니다. 북녘 돕기가 오해에 휘말릴 수 있다는 사실도 압니다. 그러나 남북의 통신선이 가까스로 복원된 이 시점에 우리의 작은 정성이 남북교류와 상호방문, 남북의 철도가 이어지기를 바라는 간절함으로 이 제안을 합니다. 지긋지긋한 분단의 굴레를 벗어나고자 하는 바람이 있습니다."라고 썼다.

모금도 잘 되었다. 해외 동포들이 제법 그 단톡방에 있다 보니 페이팔 해외 계정까지 활용했다. 성금은 액수도 그렇고 참여 지역도 다양했다. 1만 원도 있었고 1백만 원에 가까운 돈도 있었다. 유로화도 있었고 달러도 있었다. 달러로 온 돈 중에 777.77달러가 눈에 띄었다. 럭키 세븐이라는 뜻이라고 들었던 듯하다. 이렇게 각별한 마음과 정성이 담긴 돈이 모였다. 이재봉 교수의 역할과 평소 쌓아 온 신뢰가 크게 작용했다.

이 모든 과정을 공유하고 쟁점들은 교차 확인을 했다. 덩달아 신이 난 나는 모금운동 웹자보를 만들어 봤다. 이 웹자보는 땅 넓이로 된 세계 지도를 나라별 온실가스 발생량을 중심으로 그린 지도였다. 남한은 북한보다 땅은 작지만 야경에 보이듯 온실가스 배출은 한 사람당 두 배가 넘는다. 북녘이 겪는 물난리는 우리 남한 사람 때문이라고 해도 과언이 아니라는 암시가 있다.

그걸 지도로 그린 것이다. 물론 내가 다 그린 건 아니고 사이트를 뒤져서 이 희귀한 지도를 구해 넣은 것이다. 웹 디자인은 다 내가 직접 했다. 한때 프로그래밍과 웹 디자인을 했던 경험이 있어서다.

이때 사용한 '기후 양심'이라는 신조어는 내가 생각해도 참 소중했다. 우리가 신앙적 양심이라거나 작가적 양심이라거나 지식인으로서의 양심 운운하지만 다 헛소리들일 경우가 많다. 그래서 나는 '기후 양심'을 말한 것이다. '기후 양심'이라는 신조어를 만들었다.

### 다시, 집이 불에 탄 할머니 그리고…

그 할머니. 다시 할머니 얘기로 가 보자. 꽁꽁 얼어붙는 한겨울에 갈 곳이 없었다. 첫날은 마을회관에서 주무셨고 다음 날은 장수군 사회보장협의회 회장님이 다니는 교회에서 주무셨다. 그리고는 급히 주공아파트에 임시 거주할 수 있도록 해 드렸다고 한다.

내가 대표로 있는 농민생활인문학에서 급히 돕기로 했는데 이틀 사이에 70만 원의 돈이 걷혀서 갖다 드렸다. 회장님은 너무 감사해 했다. 우리 단체가 발단이 되어 다른 단체들도 줄줄이 모금에 참석하여 총액 700만 하고도 몇십만 원을 전해 드렸다고 지역신문에 기사가 실린 걸 봤다. 이런 것도 코로나19 위기 연관성이 있는지 엄밀히 따질 능력이 내겐 없다. 그럴 필요도 안 느낀다. 다만, 서로 돕고 믿음을 키우는 사회. 그런 관계. 그게 참 좋더라는 얘기다.

지난주에 또 일이 생겼다. 50년 동안 매일 매일 길거리나 행사장을 찾아다니며 쓰레기를 줍던 할아버지가 병원에 입원하셨다. 성금 20만 원과 다른 개인들이 낸 성금 봉투 두 개를 더 들고 병원을 찾아가서 드렸다.

이 모두는 딱 하나. 밥 한 그릇의 온전한 마련을 위한 것이라 하겠다. 개별적 밥상만 밥상이 아니다. 제도적 밥상, 시스템적 밥상도 필요하다. 우리의 농업 현실을 밥상과 연결해 보지 않을 수 없다.

## 우리 농업과 내 밥상

미래 농업이라는 말을 미래 식량으로 바꾸어보면 농업의 미래가 좀 다른 느낌으로 다가올 것이다. 농업의 1차 목적은 식량이니까 그렇다. 어떤 이는 주장한다. 과연 앞으로도 영원히 밭 갈고 논에 물 대며 가을이면 추수하는 들녘 풍경을 볼 수 있을까? 등락 폭이 큰 농산물값 때문에 풍년이라면 과잉 생산으로, 흉년이면 팔아서 돈 될 게 없게 된 농민들이 머리띠 두르고 하루는 과천 정부종합청사 앞에서 하루는 여의도 국회의사당 앞에서 시위하는 모습을 언제까지나 볼 수 있을까?

장담할 수는 없다고 한다. 농민이 사라질 수도 있다고 말한다. 그들이 대는 이유는 몇 가지가 있다. 산업의 융복합화가 빠르게 농업으로 확장되어 오고 있는 것이 첫 번째 이유다. 요즘 뜨는 스마트팜 혁신 밸리가 그것이다. 정보 통신 기술(ICT)을 접목하여 지능화된 농업 시스템을 일컫는 스마트팜에 사물 인터넷, 빅 데이터, 인공 지능 등의 기술을 이용하여 생산·유통·연구개발 기능을 집적한 것이다.

전기와 전자, 그리고 통신, 기계도 한 몸뚱이로 붙어있다. 통신은 사람 간의 소통만이 아니라 교통에도 아주 밀접하다. 버스에서 나오는 안내 방송은 운전석 녹음기에서 나오는 게 아니다. 버스에 있는 위성항법장치(GPS) 수신기가 버스정보시스템 전산실로 무선통신 데이터와 연동된 장치를 통해 방송되는 것이다. 그래서 도로가 정체되거나 사고가 나면 아무리 시간이 흘러도 다음 정거장 안내가 안 나오는 것이다. 농업도 예외는 아니고 앞으로 더욱 융복합화가 가속화될 것이라고 한다.

또 하나는 땅에서 난 재료로 음식 만드는 비중이 점점 낮아지고 인공 식품이 늘고 있어서라는 것이다. 미국의 식품기술 기업인 저스트(Just)는 닭이 낳지 않은 닭 알, '저스트 에그'를 만들고 있는데 올해의 매출액이 400억 원이 넘었다고 한다. 녹두로 만든다고 하니 식물 닭의 알이라고 할 수 있겠다. 2017년에 살충제 닭 알로 홍역을 치른 우리나라 양계농가나 일반 가정에서 안전한 달걀을 '저스트 에그'에서 찾을 수도 있겠다.

일본의 어떤 정보통신 기업은 초밥을 3D 프린터로 출력해 내는 프로젝트를 성공시켰다고 한다. 음식을 프린트해서 먹는다니 놀랍다. 최근에 중국과 한국은 아프리카 돼지 열병으로 홍역을 치렀는데 홍콩에 본사를 둔 어느 음식 기술 기업은 돼지를 잡아 만드는 음식을 대체하고자 콩과 버섯을 원료로 인공육을 만들었다. 지방은 86% 줄이고 콜레스테롤을 없애는 한편, 칼슘은 2.6배가 더 함유된 매우 건강한 식물성 고기라고 홍보한다.

그래서 농부가 사라질 거라고 하는데 과연 그럴까? 미래 음식은 이런 식으로 해결이 될까? 인공 식품, 인공육이 농사를 대체해 갈수록 농부가 필요 없어지고 끝내 사라진다면, 인간의 밥상이라는 것이 자동차에 연료 채우듯 하루 2540킬로칼로리만 주입(?)하면 된다는 논리가 성립해야 한다. 과연 그럴까? 인간의 밥상이라는 게 열량을 얻는 수단에 불과해도 될까? 단언한다. 어림 반 푼

어치도 없는 소리다.

## 공익형 직불제로의 전환

지난 2018년 10월 30일, '문재인 정부의 농정개혁 방향과 실천전략' 세미나가 열렸는데 여러 정책 방안 중 대표적인 것이 공익형 직불제였다. 공익형 직불제란 식량안보나 환경생태 등 농업이 가지는 공익적 기능에 대하여 지원을 하는 것으로 선진 각국들은 오래전부터 그렇게 하고 있다.

그동안 우리의 농정은 시장경쟁력 강화와 효율성에 치우쳐 고투입, 시설농업, 규모화를 추구해 왔다. 대농과 기업농, 농기업들에게 혜택을 몰아주었던 게 사실이다. 이제는 방향을 돌려 환경보전형 농업을 지원하고 농업의 공익적인 기능에 대해 제대로 인식하고 대접하려는 전략을 시작하는 것이라고 할 수 있다. 농업은 타 산업과 결정적으로 다른 것이 '생산 기능' 외에 '환경 보전 기능'이 있다는 사실인데 이를 주목하는 정책이라 할 것이다.

우리는 이 지점에서 중요한 단서를 발견할 수 있다. 아무리 스마트팜을 강조하고 선진농업, 기술 집약형 농업을 주장해도 그것은 농업의 공익성이 전혀 실현되지 않는 공업화의 길이라는 점이다. 그동안 '농민 행복·국민 행복을 위한 농정과제 공동제안 연대(농정 연대)'는 2017년부터 정책 과제로 직접 지불금을 2016년 기준 농업예산의 14% 수준에서 2021년까지 50%로 높이고 장기적으로는 유럽연합과 스위스 수준인 80%까지 확대하는 방안을 제시했는데 이제야 그 첫 단추가 꿰인 셈이다. 물론 쌀 변동 직불금 폐지와 세계무역기구의 개발도상국 지위 제외로 인한 관세 보호벽 제거 문제가 있긴 하다.

앞으로 공익형 직불제는 시행령 등이 제정되는 과정에서 소농(가족농)에 대한 보호 규정이 강화될 것으로 보인다. 당연한 일이다. 소농의 규모와 공익기능에 대한 약정, 직접 지불금 액수 등이 쟁점이 될 것으로 보이지만 일단 시동은 걸렸다고 할 수 있겠다.


### 농민수당(농민기본소득)의 현실화

직접 지불금과 함께 현재 30여 지방정부에서 지급하는 농민 월급제(농민 수당)를 한 단계 향상시킬 필요가 있겠다. 지방조례를 제정한 18개 지자체들도 베낀 듯 천편일률적인 조례를 손질할 필요가 있다. 연 60만 원이라는 액수는 너무 약소하다. 복잡한 계산식을 거쳐 지급되는 각종 복지 관련 돈, 노령화 관련 돈, 생활보조 관련 돈의 항목들을 통합하여 조건 없이, 모두에게 일정액을 지급하는 방향으로 손질한다면 액수를 대폭 올릴 수 있을 것이다.

2020년 미국의 민주당 대선후보 경선에서 앤드루 양이 보편적 기본소득제를 들고 나와 선풍적인 지지를 모은 적이 있다. 우리의 2020년 총선에서도 국민 기본소득제(우선적으로 농민기본소득과 청년수당)가 당론으로 등장하기도 했다. 지난 대선 때 정의당이

공식 당론으로 공약화한 적이 있다.

아무 조건 없이 모든 농민에게 지급하는 완전한 농민기본소득제를 위한 10년 계획, 또는 20년 계획을 설계할 필요가 있다고 본다. 조건 따지고 부정수급 파헤치고, 위반한 사람들 시비 가리고, 처벌하고, 환수하고 그러느라고 들어가는 간접비가 엄청나다. 법정 분쟁까지 가는 수도 있다. 이 비용이 기본소득 재원으로 전환될 수 있다.

모든 농민 또는 농촌인에게 기본소득을 제공하면 각종 농민 지원금과 보조금이 한 쪽으로 몰리는 폐단도 사라질 것이다. 현재는 매년 그 사람이 아들딸, 사위, 며느리까지 동원하여 그럴싸하게 법인이라고 만들어서 이런저런 명목으로 나랏돈 다 빼먹고 그것이 능력인 양 거들먹거리고 있지 않은가 말이다. 우리 지역에도 복지사업, 보조사업, 지원 사업으로 나랏돈을 빼먹고는 법에 걸려서 언론에 오르내리는 경우를 본다.

농민기본소득제를 하면 진짜 실력 있고 신실한 사람들이 부상할 것이다. 14조 6000억 원의 농업예산이 엉뚱한 데로 다 새는, 밑 빠진 독에 물 붓기가 안 될 것이다. 농사건 축산이건 과수건 투기하듯이 땅과 하늘을 오염시켜 놓고는 툭하면 보상하고 책임지라면서 생떼를 쓰는 투기 농부들도 사라지지 않겠는가?

우리나라는 제 땅에서 난 식재료(곡물)는 20% 내외지만 한 끼 7천-8천 원이면 어디서나 제법 배불리 먹을 수 있다는 믿음이 터무니없이 굳건하다. 먹거리는 차고 넘친다. 참 기묘한 현상이다. 식량안보 불감증이라 할 수 있다. 몇 년 전 일본의 한국에 대한 부품·소재 산업 수출 금지 조치가 만약에 우리에게 식량을 수출하는 나라들이 금수 조치를 한 것이었다면 끔찍한 일이 벌어졌을 것이다. 열 명 중에 여덟은 굶어죽어야 하기 때문이다. 음식은 대체재가 없다. 식량의 국산화율을 높인다? 아득히 먼 일이다.

농업에 밥줄을 대고 있는 사람들은 당장 농민 눈치 보느라 농업 예산 늘리고 보조금과 지원금 올리는 연구를 주로 한다. 표를 얻어 먹고사는 선출직 정치인도 마찬가지다. 당장 먹기에 달다고 농민들에게 사탕만 권하고 있다. 공익형 농업 강조와 농민기본소득 전면화는 농가 소득 증대와 환경 보전형 농업을 동시에 충족하는 길이 될 것이다.

지난 2018년 12월 17일 뉴욕에서 열린 제 73차 유엔총회에서 「농민과 농촌에서 일하는 사람들의 권리선언(농민권리선언)」이 각국 정부의 투표로 채택되었다. 이 선언은 오랫동안 유엔 인권이사회를 중심으로 논의되어왔고 수많은 협상과 타협이 있었다.

서문과 28개 조항으로 구성된 농민 권리선언은 농민과 농촌 지역민의 인권, 식량주권, 토지와 물, 종자, 생물 다양성, 전통 지식에 대한 농민의 권리뿐 아니라 차별받고 소외받는 아동, 청년, 여성의 권리까지 구체적으로 포함하고 있다.

표결에서 찬성 121표, 반대 8표, 기권 54표로 통과되었는데 한국 정부는 다른 나라의 시선도 아랑곳하지 않고 기권하였다. 국내 법과의 충돌 때문이라고 한다. 우리나라 농민들이 국제기준에 못 미치는 열악한 상태로 기본권이 얼마나 침해받고 있는지가 드러 난 셈이다.

유엔에서 채택한 가족농 선언이나 농민 권리에 견주어 보면 그동안 진행돼 온 한국 농정의 방향이 엉뚱한 곳을 향하고 있었음 을 알 수 있다. 기후재앙 시대에 가장 위협받는 식량문제에 있어 서 최소한의 자급도를 확보하지 못하고 있는 대한민국 농정의 현 실은 정부 정책의 근본적인 전환을 요구하고 있다고 하겠는데 보 수 정부가 들어서건 민주 정부가 들어서건 근본적인 대책은 안 나 오고 있다.

원래 하나였고 지금도 하나다.
이해의 편리를 위해 선을 그어 구획했으며
'너' 또는 '나'라고 불렀다.
식별력을 높이기 위해
'이것' 또는 '저것'이라고 부르기 시작했을 뿐이다.
처음부터 하나였고 지금도 하나다.
일도, 놀이도, 공부도, 문화도, 역사도, 철학도, 예술도 모두 하나였다.
그래서 고대에는 천문학자가 수학자이고 수학자가 철학자였다.
편의를 위한 분리는 분열을 낳았다.
되돌아가야 할 지점은 하나다.
한 몸 상태로 돌아갈 일이다.

놀며 일하며

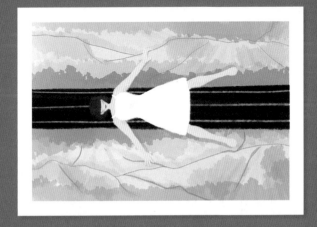

# 모든 일을
# 놀이 삼아

이른 아침이었는데 전화가 왔다. 업무 시작과 함께 가장 먼저 건 전화 같았다. 받을까 말까 하다가 받았더니 "전희식 고객님…" 이 아니었다. 광역치매센터였다. 두어 달 전에 있었던 북콘서트가 무척 좋았다는 소문을 들었다면서 11월 언제쯤 모실 수 있느냐는 것이었다. 치매 관련 기관으로부터 이런 요청을 벌써 세 군데서 받았다.

한바탕 놀이였던 그날의 기억이 새롭다. 내가 어머니와 같이 쓴 〈똥꽃〉과 〈엄마하고 나하고〉의 통합 북 콘서트였다. 내가 사는 고장 장수군 계북면의 한 '치매안심마을'에 방학 동안 실습을 온 복지 전공 대학생들과 한 달을 같이 어울리면서 진행했던 여러 프로그램 중 하나였다.

3·4학년으로 구성된 6명의 대학생은 32일 256시간을 이 마을회관에서 먹고 자면서 지냈다. 이들과 흔쾌히 하게 된 것은 내

가 우리 고장의 치매안심센터 운영위원이어서만은 아니다.

## 북 콘서트가 마을잔치로 바뀐 사연

해당 프로그램을 맡은 복지담당 공무원의 적극적인 요청도 있었지만, 나 스스로 치매와 노인에 관심이 커서였다. 그래서 내 일처럼 뭐든 신바람 나게 참여했을 뿐이다. 북 콘서트는 기획 회의를 몇 차례 하며 치밀하게 준비했다. 마을 초등학생들이 대학생 언니들과 알록달록한 포스터를 만들었다. 준비해 나갈수록 제법 그럴듯한 잔치 모양새를 갖추는 북 콘서트가 되었다. 마을에서는 전을 부치고 떡을 한 시루 마련했다. 막걸리도 한 상자 들였다. 영락없는 한여름 밤의 마을잔치가 되어갔다.

시골 마을의 할머니·할아버지들이 북 콘서트의 주 관객(?)일 터이니 저자의 말은 줄이고 영상과 사진, 주민 참여형 카드놀이도 넣었다. 육자배기를 잘 하신다는 할머니와 장구를 치신다는 할아버지도 무대에 올렸다. 남원에서 활동하는 어느 극단의 후배 가수도 불러서 판소리를 부탁했다.

눈치 빠른 내 후배는 자신의 노래보다도 마을 분들의 흥취를 돋우는 데 주의를 기울였다. 대중가요와 민요를 했다.

저자인 나와 사회자가 간단한 대담과 관련 영상을 틀고 나서 바로 카드놀이로 들어갔다. 내가 대안학교 학생들과 농사 체험을 하며 했던 놀이를 그대로 한 것인데 대박이었다.

번호가 적혀 있는 카드 하나를 대학생이 집어 들고 질문을 하면 앉아 있던 마을 주민 중에서 같은 번호를 가진 사람이 일어나서 대답하는 놀이였다. 번호를 매기고 한 장 한 장 질문 카드를 만드는 것은 낮에 다 했다. 답변하시는 분들에게 드릴 작은 선물도 마련하고 사전 각본 없이 진행했는데, 엉뚱하지만 흥겨운 답변들이 공연장을 즐겁게 했다.

"정말 살기 힘들다고 느낄 때가 언제였냐"고 물으니 "세월이 약이여~"라고 대답하는 식이었다. 대답 뒤에는 폭소가 뒤따랐다. 카드를 쥐고도 숫자를 읽을 줄 모르는 할머니는 곁에서 학생들이 도와 드렸다. 자식 관련 질문이 나왔는데 "써글놈들이 전화도 안 한다"라고 하여 와르르 웃음보따리가 터졌다.

북 콘서트가 마을잔치로 준비된다는 얘기를 듣고 서울·군산 등 전국에서 같은 프로그램을 진행하는 5~6개 대학생 팀 30여 명도 왔다. 잔치 뒤에 그들과 집단 상담 시간을 보냈다. 이 자리에서 북 콘서트 전국 순회공연을 하자는 얘기가 나올 정도였다. 시간은 흘러 학생들은 실습 시간을 다 채웠고 아쉬운 작별을 했다. 학생을 데리러 온 어느 부모는 학생들을 손녀딸처럼 귀여워해 준 마을 할머니들과 기념 촬영도 했다.

'호모 루덴스'라는 말이 있다. '놀이하는 인간'이다. 치매를 병으로 보지 말고 (짓궂은) 놀이의 하나로 여기면 어떨까? 삶 자체를 놀이로. 치매안심마을에서 벌인 축제 한마당, 복지 전공 학생들이 동네 어르신과 벌인 질문 카드놀이도 무척 흥미로웠다. 무작위로 카드를 드리고 그 카드를 읽게 했는데 옛날 옛적 결혼식 이야기나 첫 아이 출산 때 이야기를 꺼내 놓게 하는 놀이였다. 도회지 나간 자식이 다녀 간 게 언제인지 묻는 카드는 한 할머니를 울먹이게 했다. 이제나저제나 아무리 기다려도 오지 않는다면서.

훌쩍이는 할머니를 바라보자니 나이 들수록 '얼라(어린애)'가 되어 간다는 말이 떠오른다. 시골 장에 가서 얼라가 된 할머니 할아버지를 본다. 욕심도 계산도 없이 순진무구하고 손해지 이익인지 따질 줄도 모르는 사람. 엊그제가 장날이라 철물점에 들러 드릴을 두 개 샀다. 그런 일이 이때 생겼다.

### 물건 살 때마다 천원 더 줬더니 벌어진 일들

십자 드릴과 일자 드릴인데 할머니가 그냥 가져가란다. 이 집에서 연초에 2만 4000원짜리 스테인리스 양동이를 사면서 2만 5000원을 드리고 잔돈을 안 받겠다고 했는데 그 보답인가 싶다. 당시에 나는 잔돈 1000원을 거절하면서 "날도 추운데 할머니 겨울 파카도 하나 사 입으시고 털목도리도 하나 사 두르시라"라고 해서 서로 크게 웃었었다.

할머니는 짧은 병상 생활을 뒤로하고 할아버지가 돌아가신 뒤로 혼자 사신다. 서울 사는 아들이 할머니더러 같이 서울 가서 살자고 했으나 할아버지가 하던 철물점을 계속하면서 시골에 살겠다고 한 할머니였다.

철물점을 할머니 혼자 운영하면서 손님이 줄어들었는지 자구책으로 한쪽 벽면에 그릇들을 진열하기 시작했다. 플라스틱 용품들과 양은그릇들 옆으로 값이 조금 더 비싼 스테인리스 그릇들도 있었으니 철물점이기도 하고 그릇 집이기도 해서 간판도 만물상으로 바뀌었다.

돌아가신 할아버지 얘기만 꺼내면 눈물 바람인 할머니는 눈을 감을 때까지 가게 문을 닫지 않겠다고 하신다. 술 한 잔, 담배 한 대를 입에 안 대고 철물점 하나로 자식 넷을 대학까지 보낸 할아버지라며.

양동이 산 그릇 집에서 드릴을 산 나는 드릴 두 개 값이 1000원이 넘는지 어떤지 관심이 없었다. 할머니도 그랬으리라.

이런 일은 더 있다. 특히 1월 3일, 새해 첫 장날에 이것저것 사면서 점포 주인들에게 모두 1000원을 더 드렸다. 혹여 부른 물건 값이 깎일까 봐서 남지 않는 장사라는 결연한 표정을 짓게 마련인데 새해 복이 어쩌고 하는 덕담 대신에 1000원씩 값을 더 쳐 드리자 땅콩 파는 할머니는 검은 비닐봉지를 꺼내서 한 줌 더 담아 주셨다. 1000원어치가 넘어 보이는 양이었다. 1000원 덕분에 참 흥겨운 장보기였다.

붕어빵 집에서는 안 팔리고 식어 있던 붕어빵을 다 담아 주기도 했다. 이 여세를 몰아 어느 국밥집 앞에서 나는 대형 사고를 치고 말았다. 새해 벽두라 손님이 하나도 없는 그 국밥집에서는 주인아저씨랑 아주머니(사실은 할아버지와 할머니)가 그 식당에서 일하는 할머니랑 동네 할아버지 이렇게 네 분이 둘러앉아 고스톱을 치고 있었다.

연탄난로를 곁에 두고 손님은 오는지 마는지 신경도 안 쓰고 화투 놀이에 정신이 팔려있는 모습이 세계적인 명화인 밀레의 '저녁종' 못지않게 따뜻해 보였다. 그래서 대형 사고가 일어난 것이다.

옆에 있는 시장 상점에 들러 큰 오징어를 8000원 씩 주고 두 마리를 사서 갖다 드렸다. 아직껏 고스톱을 배우지 못한 내가 화투는 오징어 구워 먹으며 쳐야 제맛이라고 하면서. 놀란 그들은 몇 번을 고맙다며 엉덩이까지 들썩이고 허리를 굽혀가며 인사를 하더니 다시 고스톱판의 재미 속으로 빠져들었다.

그 뒤 어느 날. 우리 집에 온 손님들과 그 국밥집에 들렀는데 완전 칙사 대접이었다. 뚝배기마다 음식을 넘치게 담았고 반찬들을 끊임없이 식탁에 올려놓으셨다. 역시 시골 인심이 살아 있다는 친구들 앞에서 나는 우리 고장 홍보대사라도 된 듯 으쓱댔다.

이런 일도 있었다. 코로나 때문에 택배 물량이 엄청나게 늘어나서 그렇다며 깜깜해진 밤에야 눈길을 뚫고 택배 기사님이 왔다. 준비해 둔 두유를 하나 드렸더니 기사는 운전석 옆에 수북이 쌓인 두유 곽을 보여주면서 이 동네 저 동네 돌면서 할머니들이 한두 개씩 주신 게 저렇게 쌓였다면서 내 두유를 끝내 거절하신다.

택배기사를 잠시 기다리게 하고는 급히 돌아온 나는 부엌에서 집히는 대로 택배기사께 드릴 답례를 고른다는 게 고급 천연 비누 세트였다. 한 개 드리기는 뭐해서 두 개를 드렸는데 시가 1만 6천 원어치다. 두유 한 봉지와 비교할 수 없는 격차의 지출이었지만 흐뭇한 손해(?)였다. 그렇다. 핏대 세우는 이익보다 흐뭇한 손해. 시장 경제를 넘어선 선물경제, 호혜 경제, 홍익 경제의 씨앗들이다.

선물경제. 재작년에 하늘나라 가신 격월간지 〈녹색평론〉의 김종철 선생이 줄기차게 주창하신 대안의 경제다. 이런 대안 경제는 일상에서도 누구나 쉽게 만들어 갈 수 있다.

나는 강의를 나갈 때마다 준비한다. 선물경제, 홍익경제를. 내가 서는 자리의 성격과 오는 사람들의 성향, 그리고 나이대와 인원수에 맞는 내 선물의 종류를 말이다. 뇌물과 선물의 경계가 모호할 때가 없는 건 아니지만 내가 준비하는 건 분명히 선물이다!

이렇게 나는 강의를 할 때마다 버릇처럼 선물을 먼저 생각한다. 내 강의에 와 줘서 고맙다는 뜻이기도 하지만 그보다도 더 큰 선물의 효과를 알기 때문이다. 김종철 선생의 말씀이 내 멋진(?) 버릇의 시발점이었다. 공기와 햇볕과 물처럼 세상에 귀한 것들은 다 선물이라는 말씀이었다. 세상에 선물 아닌 것이 없다고도 하셨다. 선물하며 사는 것이 우리의 일상이 되면 그게 선물경제 또는 호혜 경제라고 하셨다.

선물 경제(gift economy)란 재화를 돈을 주고받으며 거래하는 게 아니라 서로가 서로에게 선물함으로써 물질적 필요를 충족하는 경제를 뜻한다. 시장경제, 교환경제와 대비되는 개념이다. 내 선물에 대한 답례나 보상을 염두에 두지 않는다. 그런데도 더 큰 만족을 주기도 하는 묘미가 있다.

### 선물경제, 홍익경제, 호혜경제라는 대안 시스템

2022년 여름에 지리산 생명평화순례를 다녀왔다. 남원에 있는 육모정에서부터 노고단까지 22km나 되는 지역에 산악열차를 설치한다고 하여 반대하는 순례였다. 내 지인들 5명이 2만 원씩의 참가비를 내고 2박 3일 일정에 참여했다. 이 소식을 들은 다른 지인이 자기는 못 가서 미안하다면서 5명 참가비 총액 10만 원을 내주겠다고 했다. 하지만 이미 참가비를 모아서 낸 뒤였다.

이런 일이 있었는지 알지 못하는 참가한 분 중 한 사람이 행사가 감동이었고 주최한 단체가 애썼다며 참가비 외에 감사 성금 20만 원을 냈다. 이미 참가비는 냈기에 누가 대신 내주고 말고 할 것도 없다. 모두가 그대로 그 자리지만 감사와 보람이 솟는다. 도파민이 한 사발이요, 세로토닌과 멜라토닌도 한 바가지다.

시간 내서 지리산을 걷는 사람, 못 가는 대신 참가비를 내주겠다는 사람. 이처럼 선물경제는 계산법이 독특하다. 전자계산기로는 도저히 산출해 낼 수 없는 결괏값을 낸다. 하늘 은행에 저축되는 통장이다.

이렇게 정리할 수 있겠다.

"뭔가를 주려거든 신세 진 바 없는 이에게 줘라. 돌려받지 못할 이에게 줘라."라고. 달리 표현하자면, '가'는 '나'에게 주고 '나'는 '다'에게 준다. '다'는 다시 '라'에게 주다 보면 돌고 돌아 감사와 신뢰를 가득 담은 무엇이 누군가로부터 원래의 '가'에게로 오는 시스템이다. 뭔가가 오지 않아도 괜찮다. '가'는 '나'에게 주는 과정에서 보람과 사랑으로 가득 찼기 때문이다. 여기서 가, 나, 다, 라⋯는 서로 빚진 바 없는 사이다. 부채 의식이 전혀 없으면 그때부터는 모든 게 놀이가 된다.

호혜 경제, 선물경제에는 영(靈)이 담긴다고 말한다. 영적인 삶. 멀리서 찾을 게 아니고 그냥 이 자리에서 계산기 집어 던지고 지갑을 열어 감사하면서 베풀면 그게 바로 영적인 삶이 아닐까 한다. 이 부분에 대해서는 수렵채집 사회가 원초적으로 풍요로운 사회였음을 증명하고자 했던 경제학자 마셜 살린스가 쓴 〈석기시대 경제학〉(마셜 살린스, 박충환 번역, 한울아카데미, 2014. 10.)에서 이렇게 말한다.

"(선물하는) 물건은 물건 자체가 영혼이기도 하기에 사물로 매개되는 결속은 영혼의 결속임이 틀림없다. 누군가에게 무엇을 준다는 것은 자기 자신의 일부를 주는 셈이 된다."라고(221쪽).

## 강의 때 나눠주는 선물들

나는 강의 대상과 주제에 맞는 선물을 골랐다. 손수건과 휴대용 물병이었다. 한국기독학생총연맹(KSCF)에서 하는 강의니만치 젊은이들이 많이 올 테고 그들이 필요로 하면서도 〈기후위기와 생태 영성의 삶〉이라는 주제에 맞는 선물이라고 여겨져서다. 손수건은 화장실이나 식당에서 종이 수건이나 물수건, 냅킨 등 일회용품을 안 쓰고 손수건을 쓰자는 것이고 물병은 종이컵을 안 쓰자는 것이다. 기후위기는 과도한 생산과 소비, 이로 인한 자연 파괴에서 비롯되기 때문이다.

기대했던 대로 내가 준비한 선물은 효과를 발휘했다. 강의 중에 질문을 던져서 답변을 한 학생에게 손수건을 주니 일제히 눈을 반짝이며 다음 질문을 기다리는 눈치였다. 이 손수건은 보통 손수건이 아니다. '홀씨'라는 자연생태 교구 전문 업체에서 만든 세밀화가 그려진 순면 고급 손수건으로 시중에서 1만 원이나 하는 것이다.

물병도 생식업체에서 만든 특수 재질이었다. 물병을 선물 받은 학생은 공개 다짐을 했다. 아무리 목이 말라도 일회용 종이컵으로는 물을 안 마시겠다고. 기후위기에 대응하는 개인 차원의 좋은 본보기다.

이번에는 주방 쪽에서 바리스타 일을 하는 분이 내 질문에 손을 번쩍 들었다. 기품있어 보이는 초로의 여성이었는데 젊었을 때

농업 관련 잡지사에서 편집장으로 일하셨다면서 농업과 온실가스에 관한 내 질문에 정답을 거뜬히 맞혔다.

강의장이 경복궁역 근처에 있는 '길담서원'이었는데 전 국무총리 한명숙 님의 남편으로 아름다운 가게 공동대표이자 대표적인 조작 간첩단 사건인 통혁당 사건으로 결혼한 지 6개월 만에 지독한 고문을 받고 13년을 투옥되었던 박성준 교수가 만들고 운영하는 공부방이다. 길담서원에서 〈몸, 태곳적부터의 이모티콘〉이라는 내 책(공저)이 나오기도 했다.

학생들의 열성적인 청강과 답변은 강사인 내게 큰 선물이었다. 나이가 지긋한 어떤 수강생은 내 책을 가져왔다면서 서명을 해 달라고 했다. 이 역시 작가인 내겐 큰 선물이 아닐 수 없었다. 이렇게 선물은 상호 간의 선물을 촉진한다.

내가 가져간 선물이 바닥이 났는데도 이미 달아오른 분위기는 강의장을 계속 달구었다. 학생이 질문하면 답변을 내가 하지 않고 다른 학생에게 답변을 부탁했다. 서로가 서로에게 교사가 되는 방식이었다. 학생들이 하는 답변은 모두 훌륭했다. 답변에서 부족한 부분만 내가 보충했다. 질문도 답변도 서로에게 선물이었다.

이렇게 하니 다들 재밌어했다. 남의 말을 듣기보다는 자기가 말을 하는 것을 누구나 좋아하는 법이다. 언제 자기 차례가 올지 모르는 수강생들은 다들 자세를 곧추세우고 강의에 집중했다. 강의가 끝나고 사진을 찍자면서 학생들이 셀카봉을 들고 다가왔다.

이 역시 선물이 아니고 무엇이랴.

강의장에 왔던 어느 현직 경찰관은 자신의 명상수련 원력을 위급한 사건 현장에 생생하게 적용한 〈어느 경찰관의 사람 공부〉라는 책을 내게 선물했다. 끊임없이 소비를 유혹하며 후리치고 부풀리고 뻥튀기는 경제가 아니라 선물로 살아가는 경제체제를 꿈꾼다.

## 마을 느티나무 아래서

후배가 결혼했다. 나무 팔레트에 사진을 붙이고 트랙터에 결혼 펼침막을 걸었다. 장맛비 내리는 여름날에 먹구름 틈새로 부챗살같이 내리쬐는 햇살처럼. 이른 아침 막 잠에서 깨어나 바람결에 이슬을 털고 다투어 반짝이기 시작하는 나뭇잎처럼. 그는 그렇게 연애했고 결혼했다.

나는 그가 평생 총각으로 살지도 모른다고 여겼다. 말수는 적다 못해 묵언 수행 중인가 싶고, 말을 하더라도 단어 한두 개 이상일 때가 없었으니 연애는 어떻게 하랴 싶었다. 여성 앞에서 얼굴도 못 드는 수줍음을 가졌어도 다 인연은 따로 있는 법이다.

그에게서 청첩장이 왔을 때, 반가움보다 놀라움이 앞섰다. 믿기지 않았다. 기적이 일어났다고 생각했다. 처음에는 이 녀석이 맞나 싶었다. 청첩장에 적힌 결혼식장이 그가 사는 마을회관 앞 느티나무 아래라는 것을 보고서야 확인할 수 있었다. 맞네. 이 녀석 맞네. 청첩장 뒷장에는 결혼식은 오후 2시니까 정오부터 와서 밥부터 드시라고 안내가 되어 있었다. 그다웠다. 암, 밥이 하늘이니 밥부터 모셔야지.

결혼식 전에 미리 밥 먹이고, 풍물패 놀이하고, 사은품까지 미리 준다니. 역시 그다웠다. 축의금 안 받는다는 안내는 없군. 나는 2019년에 딸 시집보내면서 축의금 안 받으니까 봉투는 가져오지 말라면서 그래서 기분 나쁘면 성당 사무장님께 불우이웃 돕기 기금으로 내라고 했었다. 이 안내를 기어이 어긴 친구들 덕분에 딸 신혼여행 여비에 보태 주기는 했지만.

오래전, 어떤 행사장에서 별칭을 정하는 순서가 있었는데 촌스럽게도 그는 '환경보호'라고 적었다. 그날이었다. 힘은 억세고 재주가 많아 야외 뒷간을 뚝딱 짓더니 뒷간 이름을 '돌고 도는 세상'이라고 써 붙인 것이다. 똥이 밥 되고 밥이 사람 되는 '천지부모' 사상을 그렇게 새긴 녀석이다.

마을 초입부터 끝도 없이 트럭들이 꼬리를 물고 늘어서 있었다. 전국농민회에서 사람들이 온 것이다. 농민회 간부 일을 여러 해 했으니 그럴 만하다. 마을회관으로 가는 길 따라 신랑 신부의 일상을 담은 사진들이 전시되어 있었다. 친구들의 축하 쪽지들도 다닥다닥 붙어 있었다.

놀라운 것은 비료나 농자재 실어 나르는 나무 팔레트를 세워서 그걸로 전시판을 만들었다는 점이다. 얼씨구. 담벼락에 걸쳐진

마대에도 사진과 함께 꽃들이 장식되어 있었다. 에구머니나. 결혼식장 정면에는 100마력 대동 트랙터에 결혼식 휘장이 걸려 펄럭였다. 와. 이렇게 결혼식을 하면 돈 별로 안 들겠네. 나도 이런 식으로 다시 해 볼까?

완강하게 버티고 선 트랙터는 어느 날의 그를 떠올리게 했다. 내가 그와 여러 달을 서울대 장례식장 앞에서 텐트를 치고 백남기 농부님의 시신을 지킬 때, 검사가 발부한 압수수색 영장을 들고 경찰들이 몰려왔을 때, 하늘을 찌를 듯이 포효하며 으르렁대던 그의 모습.

마을회관 마당에는 동네에 있는 탁자랑 의자를 다 모아 놓았는지 형형색색의 식탁과 높낮이가 서로 다른 삐뚤빼뚤 의자들이 설치예술가의 작품 같았다. 동네 할머니들 사이로 언뜻언뜻 중년 아주머니들이 식판을 날랐다. 삼삼오오 자리를 옮겨가며 세월아 네월아 두 시간짜리 점심을 먹다 보니 과일과 아이스크림으로 후식을 했건만 그 사이 배가 꺼져서 다시 식판을 들고 밥을 받아 와야 했다.

내가 거창에서 고등학교를 다닐 때 산청에서 다녔던 동기 하나가 마침 그 옆 동네 산다며 와 있어서 몇십 년 만에 만났다. 대안학교인 산청 간디학교를 나온 신부. 신부의 엄마는 내가 쓴 〈똥꽃〉을 읽었다며 반색했다.

이미 결혼식은 딴전이고 함양에서 온 고향 친구들, 서울에서 온 농민단체 간부들, 녹색당 당원들, 그들과 떠들고 웃고 하는데 결혼식 진행자의 짓궂은 질문이 들렸다. "진짜 지금까지 키스도 안 해 봤어요?" 참 구닥다리 질문이다. 박물관에 있는 질문지를 꺼내 왔나. "네!" 하고 둘이 동시에 대답하는 소리가 스피커로 들렸다. 어구… 그래, 잘 났어. 나는 혼자 중얼거렸다. 유쾌한 결혼 놀이였다. 상업주의의 표상인 예식장 굴레를 벗어난 놀이판이었다.

# 표창장.
# 받기보다 주기

남의 소원 빌어주는 자리다. 내 소원이 아니고 남의 소원을. 상을 많이 준비한다. 내가 받는 상이 아니라 '내가 주는 상'이다. 갖다 붙이면 된다. 상을 줄 그럴듯한 구실은 차고 넘친다. 누구에게나 상 받을일이 있다. 그걸 찾아내서 주는 것이다. 자기가 자기에게 상을 줄 수도 있다.

### 어느 송년회에서 남발된 표창장

"우리는 모두 행복할 자격이 있습니다"라는 고백이 나왔다. 송년회 자리에서다. 연말이 되면 한 해를 넘겨 보내기 위해서는 송년회라는 행사를 치러야만 하는지 여기저기서 송년회 안내가 쇄도한다. 요즘은 문화 요소를 곁들여 송년 음악회나 송년 연주회, 송년 잔치라는 이름을 담은 안내장이 많다. 세밑을 조용히 보내기로 했지만 한 곳은 참석하기로 했다.

밥을 사 먹지 않고 먹을거리를 하나씩 가져와서 나눠 먹는다고 했다. 또 한적한 숲속에서 모이는 것과 함께 무엇보다도 새해소원 빌기를 하는 순서가 있는데 그게 관심을 끈 것이다.

내 소원 빌기가 아니라 '남의 소원 빌어주기'를 한다는 것이다. 남의 소원 빌어주기라는 말을 듣는 순간, 이거 참 남는 장사로구나 싶었다. 내 소원 빌기를 하면 그 소원은 단 한 사람의 바람이지만 남의 소원 빌어주기를 하면 최소한 참석자 전원이 내 소원도함께 빌어 줄 것이라는 계산에서다.

청와대 민원도 서명자가 많으면 더 효과적이라 하지 않던가. 기원자가 많은 소원은 아무래도 하늘(상제, 하나님, 부처님)이 눈길을먼저 주지 않을까 싶고, 소원이 많이 접수된다고 해서 하늘이 과부하로 처리 불능에 빠질 리도 없을 것이다. 하늘은 어디까지나하늘이니까 말이다.

그 장소가 지지리도 멀고 먼 곳이었지만 작정하고 갔다. 오가는 시간을 몇 번씩 갈아타는 버스에서 졸기도 하고 책도 읽으면서갔다. 열 명쯤 되는 사람들이 술 한 방울 없이, 담배 한 대 피우는사람 없이, 언쟁이나 다툼도 없이 1박 2일을 잘 보냈다.

맛있는 집밥도 성찬이었지만 역시 소원 빌어주기 시간이 최고봉이었다. 넘치는 축원과 추임새로 울먹이는 사람이 속출했다. 아버지와의 관계 개선을 소원한 어느 여성분은 아버지라는 말을 꺼낼 때부터 눈시울이 붉어졌고 모든 사람들이 그녀의 바람이 이뤄지도록 정성스런 기원을 보냈다.

마지막 순서는 여느 모임처럼 소감 나누기였는데 한 사람이 아주 특이한 소감을 내놓았다.

"이제 저 자신이 행복해도 된다는 마음을 갖게 되었다. 행복할 수 있는 자격이 충분하다고 여긴다."

장난기가 발동한 나는 옆에 있는 백지 한 장을 집어 들고 짐짓 엄숙하게 그(녀)에게 검찰의 무리한 수사로 한때 말이 많았던 '표창장'을 드리는 의식을 진행했다.

"아무개님은 모든 일에 맑고 밝은 사람으로서 자신의 영적 성숙을 위해 세계만방을 누비는 용기까지 보여줌으로써 곁의 사람들에게 긍정의 힘을 일깨워 주셨습니다. 충분히 행복을 누릴 자격을 갖추었기에 이 행복 누림 자격증을 드립니다."

효과 만점이었다. 흔한 말로 대박을 친 것이다. 백지장을 받아든 그(녀)는 너무너무 좋아했다. 여기저기서 자기도 달라고 손을 벌렸다. 백지는 두툼하게 남아 있었고 인쇄도 필요 없고 부상도 필요 없는 표창장은 이때부터 남발되기 시작했다.

한층 더 격식을 갖춰 표창장이 주어지기 시작했다. 받는 사람이 무릎을 꿇고 공손한 자세를 취하길래 덩달아 표창장을 주는 높은 위치에 서게 된 나도 이 영광을 두 손으로 공손히 받들어 고개까지 숙여가며 백지를 드리기 시작했다.

고유번호는커녕 직인도 없고 날짜조차 적히지 않은 완전한 백지 표창장을 마구잡이로 나눠주면서 나는 무성영화 변사처럼 목소리를 두툼하게 꾸며서 한 사람 한 사람의 특성과 장점을 반영해서 낭송했다.

백지 표창장을 줬는데 너도나도 백지 한 장을 받고서는 무척 좋아했다. "말씀은 지독한 눌변이시나 진정 어린 마음 전달에서는 타의 추종을 불허하는 아무개님"이라든가 "경제적으로나 직업적으로 봤을 때, 대책 없는 분이지만 어디 가서 밥 굶을 일 없고 돌아다니면서 차비 걱정 없는 아무개님" 등등 우스개를 곁들이니 사람들이 더 좋아했다. 이른바 긍정심리학의 정점을 우리는 함께 오르게 된 것이다.

나중에 들은 얘기지만 유튜브에 28만의 구독자를 가진 한 명상음악 작곡가는 집으로 돌아가는 도중에 백지가 좀 구겨졌지만 액자에 넣어서 걸어두겠다고 했고, 또 어떤 이는 그 백지 행복 누림 자격증을 가장 눈에 잘 띄는 방 벽에 떡하니 붙여 놓은 사진을 보내 주기도 했다.

행복. 그렇다. 행복은 지극히 주관적인 정서의 문제다. 인간이라는 동물은 위험을 알아차리고 대응하는 진화과정에서 부정성을 크게 키워왔다. 부정이 부정될 때만 비로소 안도하는 식이다.

엄혹한 자연계에서 살아남는 유일한 능력을 이렇게 키워 온 인간은 현대 물질문명의 모든 놀라운 성취와 혜택 역시 그 덕분이라 하겠다. 함께 발달한 부정성의 지능, 부정성의 논리는 이제 스스로를 해치는 단계까지 왔다. 꼬리에 꼬리를 무는 부정적 생각에 포박되어 행복 또는 행복감을 떨구어냈다고나 할까. 긍정에 대한 질투(?)가 오죽했으면 '긍정의 배신'이라는 개념까지 만들어 냈을까.

행복을 개인적 심리 상태로만 볼 수는 없겠으나 그렇다고 삶의 종합적인 질을 따지는 표본 통계수치로 따질 일도 아니다. 두 요소의 총합이어야 할 것이다. 이날 몇 장인지도 모르고 나눠 준 '행복 누림 자격증'이 나의 성장과 함께 관계의 성숙을 이루는 기회가 되면 좋겠다. 긍정의 밝은 기운을 백지 속에서 발원하는 에너지로 삼아.

행복해지는 비법을 담은 시 한 편이 떠오른다.

너무 걱정할 것도 없고,

자기편을 만들 필요도 없고,

나를 이해시키려고 설명할 필요도 없고,

이룬 후에 공을 취하려 하지 않고,

다해주고 기대하지 않는 것이

스스로, 자연스럽게, 행복해지는 비법이다.


'알면서도 알지 못하는 것들'이라는 김승호 시인의 작품이다.

## 미국 유학생에게 준 표창장

누구나 받기를 바라는 것이 상이다. 상을 받으면 대학 입시나 유학 갈 때 유리하다고 해서 부정하게 상을 주기도 하는 모양이다. 발상을 바꿔서 상을 줘 보면 어떨까? 고상한 이름을 붙여서 상을 만들어 주는 것 말이다. 이른바 표창장 주기. 신나는 일들이 벌어진다. 그런 사례로 '올해의 3·1만세 혁명가 상' 이야기를 하련다.

이름부터 놀랍지 않은가? 상을 주는 곳과 그 상을 받은 사람을 알게 된다면 더 놀랄 것이다. 그 상은 내가 만들었고 작은 단톡방 이름으로 줬는데 상장도 있고 상금도 있었다. 받은 사람은 이름을 말해도 모를 것이다. 그 사람을 소개해도 '3·1만세 혁명 운동가'라는 말과 어울리는 사람인지 고개를 갸우뚱할 수도 있다.

내막은 이렇다. 30여 명이 모인 단톡방이 있는데 만들어진 지 몇 년 되어서 서로 임의로운 사이다. 그 방의 한 젊은이가 미국에서 유학 중인데 그곳에서 비닐 재활용 활동을 줄기차게 하고 있다는 글을 올렸다. 그 과정이 자못 눈물겨웠다.

그 젊은이는 매번 몇 시간 동안 비닐이 쌓인 쓰레기통들을 뒤져서 비닐 속에서 썩고 있는 음식물을 분리하고, 비닐 모으는 데를 따로 정해서 그곳에다 안내 라벨을 만들어 붙였다. 비닐 버리는 학생들을 찾아가서 비닐 버리는 요령을 일일이 알려주었다는 것이다. 놀랍지 않은가?

그렇게 모은 비닐을 갖다주려고 슈퍼마켓이나 그 지역 행정관

청에 알아봤으나 그들도 잘 몰라서 비닐 재활용 전문 회사를 찾아
내서 문의하는 과정이 그가 올린 카톡 문자에 다 나와 있었다. 눈
에 선했다. 해 본 사람은 알 것이다. 이런 공공의 일이 얼마나 소
소한 잔일거리가 많은지를. 그게 다 일을 벌인 사람의 몫이 된다
는 것을.

마침 글이 올라온 날이 3월 1일이어서 나는 대뜸 위 표창장을
제안했고 몇몇이 상금을 후원해 줘서 함께 전달할 수 있었다. 표
창장에는 "미(개)국까지 가서 기후위기 극복과 쓰레기 문제 해결,

육식 중단에 본을 보이고 계신 아무개님을 올해의 3·1만세 혁명 운동가로 선정하고 상장과 상금을 드립니다"라고 썼다.

매년 3·1절이 되면 판에 박힌 듯한 딱딱한 행사만 있고 감동이 없었는데 이런 놀이(!)가 재미있었다. 3·1혁명 운동을 기후위기와 연결한 시의성도 좋았다.

이런 제안은 오래전의 내 기억과 연결된다. 치매를 앓는 어머니랑 사는 나를 찾아온 친구가 "노벨 효도상이 있어야 돼!"라며 종이에다 사인펜으로 쓱쓱 몇 자 적더니 1만 원을 봉투에 넣어 과장 섞인 어투로 효도상이라며 내게 주었다. 자기가 제정한 상이라면서. 그 뒤로 나도 수많은 상장과 표창장을 남발(?)하면서 주위 사람들을 지지하고 격려해 왔다. 놀이처럼, 재미 삼아서.

유학 중인 그 젊은이는 표창장과 상금을 받고 고마워했다. 집착하지 않고, 누구도 탓하지 않으며 비닐 재활용 활동을 계속해 나가겠다고 했다. 그 일을 하는 과정에 스트레스도 있지만 절충점을 찾아가겠다고 했다.

가끔 내게 당신이 뭔데 그런 상을 만들어 주냐고 묻는 사람이 있는데 그때마다 나는 안 될 게 뭐냐고 되묻는다. 뭐 해 달라, 왜 없냐, 이게 뭐냐는 등의 말을 하기 전에 그 상황을 일단 수용하고서 내가 할 수 있는 일을 할 수 있는 만큼 즐겁게 하려고 한다.

인터넷에는 멋진 표창장 이미지들이 널렸다. 몇 자 적어 넣고 인쇄를 하면 어엿한 표창장이 된다. 쉽다. 상장을 받는 데만 관심을 가지다가 내가 상을 주다 보니 그 재미가 쏠쏠하다. 재미는 만들면 된다. 뭐든 놀이로 삼으면 된다.

## 온 세상이 놀이터-명절 끝 술 한 잔의 추억

언젠가의 일이다. 술을 잔뜩 마신 낯선 사내를 길에서 만난 덕에 짧은 신선놀음을 할 수 있었다. 돌이켜보면 신선이 취객으로 하강하지 않았나 싶었을 정도였다. 얌전히 버스를 기다리며 책을 읽는 내게 와서 "처사님 거하시는 곳이 어디신지요?"라고 물어볼 때 알아봤다. 범상치 않은 사내의 기운을. 술기운 말이다.

"저 같은 범부 나부랭이가 뭐 그냥 다리 뻗고 눕는 곳이 다 우리 집입니다"라고 했더니, 그는 상대를 제대로 만났다는 듯 "그 말씀은 하늘 아래 사신다는 말씀이군요"라며 다가왔다. 이렇게 시작된 법거량이 반 시간 정도 계속되었다. 그의 다음 질문은 "9년 면벽이 뭔지 아시오"였다. "소생이 워낙 견문이 짧아 무슨 뜻인지 잘 모르겠습니다"라고 했더니 힌트를 준답시고 "소림사는 들어보셨습니까"라고 묻더니 내 대답을 기다리지 않고 설명을 시작했다.

그러다가 그는 새삼스럽게 정색하며 "그럼 제가 설명해 봐도 되겠습니까"라고 물었다. 이제까지의 분위기 흐름으로 볼 때 "네, 귀를 씻고 듣겠소이다"가 유일한 내 대답일 수밖에 없었다. 그분은 예상과 달리 얘기를 이어가기는커녕 고개를 잠시 숙이고 있다가 엉뚱한 선문답을 시작했다.

"피어서 100일, 떨어져 100일이 뭡니까?", "천년 만에 피는 꽃은 어떤 꽃입니까?", "마른 가지는 멀쩡하고 생가지가 꺾이는 것은 무슨 조화입니까?"

내가 대답할 틈이 없었다. "진정한 소통이란 뭐라고 생각하십니까" 하길래 "인라케시 알라킨(나는 너 너는 나)"이라고 했다. 이 말은 북미 원주민 말로 '나는 너다. 너 역시 또 다른 나이다'는 뜻으로 거제에 사는 북미 원주민 전문 연구가인 서정록의 책 이름이기도 하다.

소통의 핵심은 어설픈 공감과 매뉴얼에 따른 멘트가 아니라, 상대의 주장과 행동이 바로 나의 다른 모습임을 알아채는 것이라고 여겨왔던지라 쉽게 대답할 수 있었다. 기대했던 대로 그는 입을 닫고 저만치 뒤로 물러났다.

이번에는 심심해진 내가 그에게 물었다. "아까는 불초 소생에게 왜 처소를 물으셨습니까?" 그러자 그가 다시 다가왔다. "사람에게는 안상, 청상, 인상이란 게 있소. 체상 말이오."

그러고는 말없이 시선을 내리더니 내 무릎 쪽을 손가락으로 가리켰다. 거기엔 하도 오래 입어서 군데군데 해진 내 낡은 생활한복이 있었다. 나는 멋쩍게 웃으면서 손으로 무릎을 문지르며 "네, 살림이 워낙 곤궁한지라 이렇습니다"라고 얼버무렸다.

궁핍하게 살아가는 민초를 자애로운 미소로 내려다보는 그에게 나는 물었다. "실례가 안 된다면 거사님은 뭐 하시는 분인지 여

쥐봐도 될는지요?" 그는 '상담 일'을 한다고 했다. 그 순간 사람의 운세와 인류 문명의 미래를 내다보는 진인이 틀림없을 거라는 근거 없는 확신이 내게 생겼다.

"그럼 어디 신당을 차리고 계시는 모양입니다?", "이 세상이 앞으로 어떻게 될까요?", "신종 코로나바이러스가 잘 해결될까요?"

이렇게 계속 질문을 하는 나에게 이 남자는 대답은 안 하고 내가 앉아 있는 쪽으로 천천히 왔다. 일어선 내가 자리를 내주려고 했는데도 기다리지 않고 철퍼덕 옆자리에 앉았는데 상체가 내 무릎 위로 사정없이 엎어졌다. 왈칵 술 냄새가 코를 찔렀다. 이때부터는 아예 몸을 가누지도 못했다. 부드럽게 그를 안아 일으켰다.

"어디 아프지는 않으세요"라고 물으니 알 수 없는 미소가 얼굴에 가득했다. 입을 씰룩이면서 한마디 뱉었다. "설 명절 술! 한 잔 더 할래요?"

그의 명절 술 한 잔 덕분에 우리는 신선놀음을 오지게 즐긴 셈이다. 어두워지는 시골 버스 터미널 낡은 지붕 너머로 진눈깨비가 흩뿌리기 시작했다. 명절은 이래서 좋다.

기도의 최고 형태는
느낌을 섬세하게 알아채고 조심스럽게 관리하는 것이다.
느낌에는 직관, 계시, 초연결, 우주 감각이 다 들어 있다.
느낌에서 창조행위까지. 이것이 기도의 전 과정이다.
행위에 이르러 비로소 완결된다.
느낌, 감각 상태에 우리가 제대로 머무르면
분별을 놓게 된다.

기
도

# 내 기도의
# 세 갈래

부드러움은 딱딱함이 있어야 부드럽게 감지된다. 서로는 의지한다. 느낌이라는 씨앗이 물질세계의 이동과 재조합으로 열매 맺는 게 기도다. 그 사이에는 감정, 생각, 침묵, 아우성이 다 들어있다. 코끝과 혀끝이 놀아난다. 신과 잡귀도 등장한다. 기도는 신과 연결된다. 어떤 유형의 신이냐? 그건 중요하지 않다. 기도하는 사람 숫자만큼 많기 때문이다.

'여기'와 '지금'이 존재의 전부임을 아는 게 기도다. 사람으로 존재하는 것은 영적 존재가 최고의 체험 도구를 손에 쥔 것이라 할 수 있다.

60간지로 볼 때 개띠는 다섯 종류가 있는데 그중 하나가 황금개띠인 무술생이다. 내가 무술생 개띠다. 개띠 사람들은 강인한 성격이라 고집이 세고, 지도자 자질도 있고 사교적이되 독선적이라고 한다. 남에게 상처도 많이 준다. 황금개띠 해는 부자 되는 해

라면서 연하장과 백화점 간판에는 부산하게 돈벌이 수단들이 등
장한다.

## 나 - 환갑을 맞으며

환갑을 코앞에 둔 때였다. 먼저 환갑을 맞았던 한 살 많은 친
구가 연초에 했던 말이 떠오른다. 그는 삶을 마무리하는 때로 여
기겠다고 했다. 일을 벌이기보다는 정리하고, 쌓기보다는 나누고
싶다고 했었다.

60이라는 신체 나이야 옛날 사람들과 달리 혈기가 넘치더라
도 정신적 나이, 영적인 나이로 봐서는 그래야 하는 세월이다. 당
시의 내 다짐도 생각난다. 내 다짐은 기도였다. 동갑내기 여러 단
위에서 몇 년 전부터 시작된 환갑여행을 준비하는 어디에도 들지
않았다. 해외여행이나 왁자지껄 먹고 노는 자리는 왠지 부담스러
워서다. 그동안 시끄럽게 살아왔으니 앞으로는 고요하게 지내는
게 좋겠다 싶은 것이다.

한 갑자인 60년이라는 세월은 원래 그런 의미이기도 하다. 근
본에서부터 달라지는 때다. 덤으로 사는 것이라 여기고, 하고 싶
은 게 있더라도 그게 욕심은 아닌지 살펴볼 일이다. 집착은 아닌
지 알아챌 수 있어야 한다. 욕망덩어리는 보기에도 추하고 스스로
격을 떨어뜨린다. 하늘의 뜻과 땅의 이치를 알고 거스르지 않고
살면 만사가 형통할 것이다. 이런 걸 나는 기도하는 삶이라고 여

긴다.

내가 환갑을 맞는 개띠인 줄 알 리가 없는 어느 분이 지나가듯 제안을 하나 하셨다. 연말연시에 100일 기도를 해보라는 것이었다. 마침 어머니 3년 탈상과 맞물려 있어 오래전부터 내가 그 비슷한 생각을 하고 있다는 걸 안듯이 말이다. 인화물질에 불길이 당기듯이 그 분의 제안에 전율을 느끼며 나는 1단계로 49일 기도를 해보겠다고 약속했다. 동학 천도교에서는 7일 기도와 21일 기도, 49일 기도, 그리고 105일 기도를한다. 어머니 장례 때 천도교 교인들이 저녁마다 기도식을 했던 기억이 나서 천도교식 기도방법을 떠올렸다.

국·내외 아는 수도원과 명상센터를 몇 군데 검토하다가 기도를 하겠다는 내 생각에 적극적으로 동조한 아들의 권유에 따라 일상을 유지하면서 생활 기도를 하기로 했다. 이 역시 아들의 자문을 따랐다. 집에 별도의 수련 방을 꾸몄다. 어머니 영정과 향을 마련했고 히밀라야 소금등도 배치했다. 은은한 붉은 빛 소금등은 기도실의 분위기와 잘 어울렸다.

49일 기도 생활의 특별 일정도 짰다. 기도 시간을 하루 두 번으로 정하고 정기적인 1일 단식, 먹는 것과 마시는 것, 그리고 지킬 계율과 며칠간의 수도원 입소, 읽을 책 등. 정기적인 1일 단식은 오래전부터 참여하고 있는 명상단체인 아난다마르가의 가르침에 따라 '에카다쉬' 단식법에 따른 것이다. 한 달에 두 번 1일 단식을 하는 프로그램이다.

기도 또는 수련할 여러 기회가 있었지만 그때의 49일 기도가 가장 잘 된 기도인 것으로 여겨진다. 돌이켜보면 그때 기도의 두드러진 특징이 여럿 있다.

첫째, 목표와 계기가 분명했다. 환갑을 맞는다는 계기, 그 굵직한 계기에 지인이 권유와 아들의 적극적인 동조. 더구나 기도의 목표를 포괄적이면서도 구체적으로 설정할 수 있었던 것이 49일 생활 기도의 중심이 되었다.

둘째, 향을 피우고 100배를 한 뒤에 경전을 아무 곳이나 펴서 한쪽 읽는 아주 단순한 의례를 한 것이다. 진지하고 경건하게 한답시고 기도 의례가 시간 걸리고 복잡하면 힘들었을 것이다.

셋째, 49일 동안 다채롭고 세부적인 일정표를 짠 것이다. 하루 단식하는 에카다쉬 단식 일이 3번 있었고 특별한 변수가 생기면 기도 시간을 융통성 있게 한다는 것까지도 계획표에 넣었다.

넷째, 일상을 유지하되 번잡한 일과 기도에 방해가 될만한 일정은 피한 것이다. 기도 중이라고 대 놓고 말하면 대개 이해해 주었다. 기도한다는 것을 공개한 셈이다.

개 팔자 상팔자라느니 죽 쒀서 개 줬다느니 개와 관련된 속어도 많다. 개똥도 약에 쓰려면 없다. 서당 개 삼 년이면 풍월을 읊는다. 닭 쫓던 개 지붕 쳐다본다. 개밥에 도토리. 개 수작한다. 하룻강아지 범 무서운 줄 모른다. 등등 끝이 없다. 도둑맞으려니 개도 안 짖는다. 지나가는 개가 웃는다.

개띠 환갑맞이의 49일 기도 동안에 내가 있기까지 저지른 잘못들, 용서를 구해야 할 일, 사과해야 할 사람, 감사드려야 할 일들이 많았다. 기도 날짜가 쌓이고 뒤편으로 가면서 기도 초기와 달리 회한과 속죄에서 환희와 희열로 바뀌어 가던 기억이 새롭다.

세상 모두를 위해서는 가장 먼저 나를 향해 두 손 공손히 모으는 일이라고 여겨졌다. 그런 시간이었다. 존경하는 어느 목사님의 기도가 떠오른다. "오늘만이 내 날이요, 주님 만날 준비는 오늘뿐이다. 오늘 일 내일로 미루지 말고 섬기고 헌신하기에 열심을 다하라."라는.

우리 때 초등학교도 2부제 수업이 시작되었고 고등학교 연합고사나 대입 예비고사와 본고사까지 역대 가장 높은 경쟁률을 치른 세대다. 58 무술 개띠의 이력서는 참 화려하다. 〈58년 개띠〉라는 이름의 시집이 두 권이나 나와 있을 정도다.

그렇게 환갑을 앞둔 연말에 방송사에서 왔었다. 참신한 프로그램으로 알려진 이비에스(EBS) 다큐프라임인데 이틀 동안 찍어 갔다. 나를 '개띠 농부 작가'로 설정한 모양이다. 나를 포함한 58 개띠뿐 아니라 70 개띠, 82 개띠 94 개띠 등 열두 해 차이 나는 개띠들이 줄줄이 릴레이 하듯이 나왔다. 띠동갑들의 영상잔치였는데 한국 역사의 12년 격차를 가진 파노라마들이었다.

이때의 기도가 본보기가 되어 그 뒤로 하게 된 기도들도 위에 적은 네 가지 정도의 원칙으로 기도한다. 좀 더 진전된 기도 방식을 다시 정리하면 이렇다.

- 기도 방식은 딱 한 가지만 정한다

  (절. 발끝 부딪치기. 잼잼잼. 사경. 만트라 등)

- 매일 한다

  (하루 빠지면 포기하지 말고 그날은 빼고 날짜를 이어서 간다.)

- 자신 있는 기간을 정한다

  (3일. 7일. 21일. 49일. 100일)

- 주위에 선포한다

  (가족. 친구. 방 벽에 써 붙이고 화장실이나 거실에도.)

- 성취하는 날에 큰 잔치를 벌인다

  (자신한테나 친구나 지인에게 선물한다.)

- 처음부터 노트를 만들어 기록한다

  (기도 계획. 기도 진행 과정. 느낌. 변수 등.)

- 점검 받는다

  (한 사람 정해두고 기도 전 과정을 그때그때 공유하고 점검 받는다.)


**이웃 – 거리의 천사 권호석 할아버지**

전북대병원. 군사 보안시설이 이럴까. 아주 삼엄했다. 함부로 들어갈 수가 없었다. 강원도 화천에 있는 탈북민 교육시설인 하나

원에 강연 갔을 때도 이 정도는 아니었다. 이 병원은 전국 어느 곳에서나 통하는 네이버나 카카오 큐알코드(QR Cord)도 무용지물이었다. 이걸로는 방역 패스가 안 된다. 전북대병원 독자 코드를 발급받아야 한다.

안다. 입원환자를 보호하려는 조치다. 괜찮다. 줄 서는 거 괜찮다. 장계에서 전주까지도 멀리 갔는데 그깟 줄 서는 게 대수랴. 다만, 행여나 바라던 요행수가 무산될까봐 걱정이 커졌다. 권호석 할아버지를 꼭 뵙고 싶은데 면회가 안 된다는 말을 몇 번이나 듣고도 굳이 병원을 찾아갈 때는 할아버지의 얼굴이라도 뵙고 손이라도 잡아 보고 싶어서였다. 담당 간호사랑 전날 통화하면서도 면회 안된다는 말을 들었지만 포기할 수 없어서 갔다.

권호석 할아버지가 전화로 "급성 신부전증이래. 다 망가져 버렸대요." "어렵대…"라고 꺼져가는 목소리로 하시는 말씀을 듣고 그냥 앉아 있을 수가 없었다.

터미널에서, 장터에서, 농협 앞에서뿐 아니라 전주나 진안에서도 뵈었다. 집게와 쓰레기봉투를 든 모습이다. 광목 조끼를 입고 그 위에 투박한 글씨로 독도는 한국 땅, 서로 양보하고 기초질서 잘 지켜서 문화국민 되자고 하시는 할아버지다.

식사라도 한 끼 대접하려면 한사코 거절하시고 장계농협 조합장이 직원식당 이용하라 했다면서 나더러 돈 쓰지 말라던 할아버지였다. 고맙다, 미안하다, 괜찮다는 말을 입에 달고 사시던 그 할아버지.

한 번은 우체국 앞에서 만나 옆에 있는 식당 '사람이 사는 마을'로 모시고 갈 때였다. 우리 앞을 재잘대며 가던 중학생 둘이서 얼음과자인 하드를 먹으며 비닐 껍질을 머리 위로 휙 버릴 때였다. 나는 나무람의 시선이 그 중학생들에게로 갔지만 권호석 할아버지는 잔소리 한마디 없이 쓰레기를 주워 봉투에 담으셨다. 40년을 이렇게 사셨다. 부산 아시안 게임과 강원도 평창 동계올림픽에도 가서 쓰레기 주웠던 이야기를 들은 적이 있다. 그 할아버지가 쓰러져 촌각을 다투고 계신 것이다. 이 병원에서.

정문을 통과한 우리는 무작정 4층으로 올라갔다. 천천면에 사시는 이순창 선생님과 같이 갔다. 이렇게 해서 4층 복도 구석 간이의자에서 상봉할 수 있었다. 할아버지의 야윈 두 손을 잡는데 가늘게 떨고 있었다. 눈물이 맺히는가 싶어 손수건을 갖다 대려하자 벌써 굴러떨어졌다. 이순창 선생님은 가슴이 메는지 자리를 일어나 먼 데를 바라본다.

환자복 사이로 언뜻 보이는 가슴팍에는 파스로 눌러 붙인 바늘이 두 개나 달려 있었다. 왼쪽 팔뚝은 전체가 시퍼렇게 바늘 멍이들어 있었고 오른팔에도 바늘이 하나 달려 있었다. 하루에 혈액투석을 네 시간씩 한다고 하셨다. 밥은 좀 드시냐고 했더니 밥은 먹기만 하면 다 토한다고 했다. 한 숟갈 했다가 화장실 가서 전부 토했다고 했다. 소변, 피, 맥박, 폐, 당, 혈압. 하루에도 검사하고 사진

찍는 게 하도 여러 가지라 몇 개인지도 모르겠다고 했다. 천천면 구신 마을에 홀로 계시는 할머니는 심장 질환이 있으시다고.

병상을 돌보는 가족 말씀을 한 다리 건너 들었다. "아버지도 마음 정리를 하고 계신다"라고. "한 달 정도 바라본다"라고도 했다. 헤어지면서 이순창 선생님과 별도로 나는 봉투 세 개를 드렸다. 내가 대표로 있는 농민생활인문학 회원 일동 명의의 봉투와 개인적으로 전달을 부탁받은 다른 봉투 둘이다. 자동차 매연과 소음 속에서 각종 오염물이 뒤섞인 쓰레기 줍기를 40년. 그 아득한 세월에 작은 위로가 되길 기원했다.

쾌유를 빈다는 말을 하고 보니 참 공허했다. 할아버지가 우리 지역을 깨끗이 하셨으니 이제는 지역이 할아버지를 기억해야 할 때인데 이렇게 막막하다니.

가야 유적지 답사하듯이 할아버지 다니셨던 터미널과 장터와 농협 주변을 돌며 쓰레기를 주워 볼까? 할아버지 입던 조끼 글씨 똑같이 만들어 입고 쓰레기 안 버리기 캠페인을 하면 병상의 할아버지가 빙그레 웃으실까?

면회를 하고 와서 온갖 상념을 떠올리다가 뜻을 같이하는 분들과 〈권호석 어르신 뜻을 기리는 사람들〉이라는 모임을 만들고는 거리 청소를 시작했다. 실천(행동)은 가장 힘 있는 기도 형태다. 실천만큼 강력한 작용을 하는 기도는 없다. 즉각적이고 폭발력도 크다.

우리 모임은 현수막을 걸고, 조끼를 해 입고는 쓰레기봉투를 들고 장계 장터와 장수 장터. 그리고 터미널과 장계천 강가를 다니며 쓰레기를 주웠다. 참여하는 회원들이 돌아가며 자발적으로 현수막을 만들고 대형 쓰레기봉투를 가져왔으며 쓰레기 집게와 면장갑을 가져와서 나누었다. 장수군사회복지협의회장인 고강영 선생이 '거리의 천사, 환경지킴이, 기부천사'라는 표제를 만들어 주셨다. 권호석 선생의 40년 공적 삶을 잘 담은 문안이었다. 모든 과정을 나는 몇 날 며칠 지속되는 기도였다고 여긴다.

### 제도와 사회 - 노회찬 선배님, 그렇게 가셔야 합니까?

그날도 변함없이 하루가 밝았다. 아무렇지도 않은 듯 멀쩡하게 떠오른 태양이 야속하다. 뜨거운 날에 차갑게 식어서 누워있는 그와 맞는 오늘 아침이 참으로 어처구니가 없다. 계속 훌쩍이는 사람. 장례식장에서는 웃어야 한다면서 엉뚱한 얘기로 분위기를 독려하다가 제풀에 꺾이는 사람. 수십 년 만에 만나서 악수한 손을 쩔쩔 흔들다가 부둥켜안고 말을 잇지 못하는 사람. 음식그릇에 숟가락을 꽂은 채 멍하니 허공만 바라보는 사람. 어딘가 억지스럽게 떠드는 사람. 줄어들지 않는 조문객들의 비통.

마른하늘에 날벼락 같은 비보를 접하고서 생각은 갈피를 놓쳤고 가슴은 뻑뻑하니 숨이 막히는데 서울로 올라가는 고속버스가 제 시간에 출발하고 제 시간에 도착하는 게 갑자기 이상하게 여겨졌다. 횡단보도 빨간 신호등에서 사람들이 나란히 무표정하게 서 있는 모습도, 어디서나 스마트폰에만 열중하며 표정이 제각각인 사람들도 모두 어색했다. 내겐 현실이 아니었다. 근원도 불확실한 둔탁한 통증이 전신을 휘감았고 그것만이 현실이었다.

모든 기억과 순간들이 어떤 가정도 통하지 않는 과거가 되었고 회복할 수 없다는 것에 가슴 아프다.

노회찬.

한 번 가면 누구도 돌아올 수 없는 길을 그가 먼저 간 것이 슬프다. 이렇게 사람을 아프게 하고 떠날 인간인 줄 알았다면 그와 보낸 내 시간 일부를 회수했을 것이다. 안타깝다. 믿기지 않는다. 장례식장에서 이런 식으로 만나야 할 줄 알았다면 지난 달 있었던 인민노련동지회 정례 모임에 무리를 해서라도 갔었을 것이다. 전화라도 한 번 더 했을 것이다. 그의 아내 김지선과 통화만 할 게 아니라.

모든 기억과 순간들이 어떤 가정도 통하지 않는 과거가 되었고 회복할 수 없다는 것에 가슴 아프다. 2010년 어느 날이었다. 서울시장에 출마한 그가 선거일을 앞두고 내가 살고 있는 두메산골 장계에 왔었다. 시골마을의 조촐한 내 출판기념회에 와서 "서울시장 떨어지면 전희식이 때문이다"고 했었다. 2016년, 서울 종로의 수운회관에서 열린 나의 '소농은 혁명이다' 출판잔치에 온 그가 "전희식이가 왜 정치를 안 하는지 모르겠다"고 했고 나는

"노회찬이 왜 아직 정치를 하는지 모르겠다"고 주고받았다. 이런 그와 마주할 수 없고 유쾌한 그의 입담을 다시 들을 수 없다는 사실에 가슴이 메인다.

노회찬은 내가 몇 다리 건너고 건너서도 도무지 인연이 닿지 않을 사람들과 통했고 모두에게서 사랑받았다. 그의 부친상 때 장례식장에 티브이에서나 보던 연예인들이 와 있어 놀랐었다. 그가 서울 목동의 어느 아파트에 살 때 하룻밤 잔 적이 있는데 밤이 늦어도 꼬박꼬박 귀가했고 농부인 내가 일어나기도 전인 이른 새벽에 집을 나서는 걸 봤다. 용접공 때처럼 부지런했고 의지는 무쇠처럼 단단해 보였다. 누구에게나 공손했고 누구도 험하게 비난하지 않는 사람이었다. 그렇다. 정치인이기에 앞서 '참 좋은' 사람이었다. 그래서 그의 정치는 사람들에게 청량제가 될 수 있었을 것이다.

2004년이던가. 민주노동당의 비례대표 8번으로 입후보하여 새벽 2시가 넘어 갈 때 3김 시대의 마지막 인물인 김종필을 밀어내고 국회의원이 될 때의 감동을 잊을 수 없다. 그가 도달할 정치 여정의 다음 선택이 늘 궁금했고 활약이 눈부셨으며 그를 지켜보는 것만으로도 행복했다.

그런 그가 죽음으로 전해야 할 말이 무엇이었단 말인가. 죽음으로 지켜야 할 것이 무엇이었단 말인가. 말과 행동, 일상과 과거, 모든 선택과 미래까지 그를 사랑하고 지지했던 월 1만원 후원인의 한 사람으로서 죽음이라는 그의 선택까지 받아들여야 하는 오늘이 너무 슬프다. 아파트 난간에 올라서서 그가 느껴야 했던 절벽과 깜깜함에 가슴 저민다.

귀한 집 자식으로 태어나서 작업복 기름밥도 두려워하지 않았고 감옥살이도 기꺼이 감내하던 그가, 그가 지닌 양심으로는 도저히 지킬 수 없는 정치자금법과 공직선거법의 올가미에 걸려서 몸을 던져야 했던 고뇌의 무게를 감히 가늠할 수 없다. 검찰과 언론의 밥이 되어서 당할 모욕은 견딜 수 있겠으나 스스로를 변명하며 자신의 말을 뒤집어야 하는 자기를 견딜 수 없었을까. 남는 이들에 대한 그의 사랑은 죽음뿐이었는가.

노회찬. 그렇게 가는가. 황망하게 가는 걸음 잠시 멈추고 벗들이 따르는 술 한 잔 받으시길 빈다.

이렇게 그를 떠나보냈다. 염천 무더위가 계속되던 날 5일장을 치렀다. 전태일 열사와 김근태 선생이 묻혀있는 마석 모란공원묘지에 그를 묻었다. "서울에는 구로구 가로수 공원에서 출발하는 6411번 버스라고 있습니다"라고 시작되는 그의 명연설을 새기며 그와의 작별의식을 마무리했다.

그는 진보정의당 대표를 수락하는 이 연설에서 매일 새벽 일찍 6411번 버스를 타는 사람들을 기억하자고 역설했다. 직장인들이 북적대는 강남의 빌딩숲으로 이 분들이 출근하지만, 아무도 이들을 알지 못한다고 하면서 이 분들의 손이 닿는 곳에, 이 분들이 부르는 곳에 정치인들이 없었다고 지적했다.

　강남의 직장인들이 출근하기 전에 이 분들은 일을 끝낸다. 화장실과 계단과 건물 로비를 깨끗이 청소한다. 부서진 곳을 고치고 설비가 제대로 작동하는지 점검한다. 그리고는 직장인들이 출근하기 전에 사라진다. 아무도 이들의 존재를 모른다. 한 달에 85만 원을 받는 '투명인간'으로 살고 있는 이들을 기억하는 정치가 되어야 한다고 강조한 그, 노회찬이다.

　나는 노회찬을 정치인으로만 기억하지 않는다. 입담 좋은 토론자로만 기억하지 않는다. 유머 넘치는 훈남이지만 그게 전부가 아니다. 그 모든 것들은 그가 갈고 닦아 온 참인격의 산물임을 안다. '인민노련'의 멤버로 30여 년 인연을 이어오면서 그의 고난, 그의 선택, 그의 성공과 좌절을 곁에서 지켜보았다. 좌절의 순간에 더 큰 깨달음을 일구고 성공의 순간에 더욱 겸손할 수 있는 그였다.

　그의 부음을 듣고 나는 그의 길을 안내하기로 했다. 세브란스병원 장례식장으로 가서 독경했고 장례 이후에는 작은 기도실을 만들었다. 그가 처음 겪는 사후세계의 생경함과 혼란, 세상에 대한 미련과 애착, 그리고 사회적 활동과 정치에 대한 갈애(渴愛)를 넘어 설 수 있도록 돕기로 했다. 그의 도움만 받아 온 것에 대한 작은 보답이라 여겼다. 어떤 조문객도 하지 않을 것이라 여기고 이 역할을 선배 한 분과 같이 자임했다.

〈티벳 사자의 서〉를 기본 문서로 하여 매일 매일 노회찬 개인에 맞춰 기도문을 만들었고 낭송했다. 그가 오랫동안 헌신했던 '매일노동뉴스'라도 된 듯 사후 날짜별로 기도문을 다듬고 음성파일로 변환하여 페이스북 기도실에 올렸다. 이름하여 '노회찬을 기리는 기도실'.

기도문은 늘 반복되는 대목이 있다. "···이것은 모두 당신 자신의 의식이 투영된 환상임을 알아야 합니다"이다. 스스로 그런 환영들과 같은 상태였을 때거나 그와 같은 부류의 존재들에게 완전히 압도당했을 때 느꼈던 두려움과 공포, 희열이었다고 지적한다. 살았을 때의 느낌과 생각과 행동을 다시 환영으로 만들어내고 있는 것에 불과하다고 말이다.

이것은 살아있는 모든 사람에게도 적용되는 말이다. 나의 느낌, 생각, 행동이 그와 같다. 실재는 없고 공(空)의 세계를 환영으로 인식하는 것이다. 기독교인이라면 예수의 모습으로 불교인이면 부처의 모습으로 바르도(실상중음 實相中陰)시기를 맞는다고 하는 이유가 이것이다. 모든 근원은 내 안에서 시작되고 환영으로 생멸한다.

기도를 시작한 지 14일째 되는 날이었다. 존재의 참모습을 체험하는 실상중음의 마지막 날이다. 그날 밤에 그가 꿈에 나타났다. 너무도 생생했다. 노회찬이 큰 집회에서 연설을 했고 그와 나란히 걷게 되었다. 전혀 특별하지 않은 평소의 대화를 했고 나는

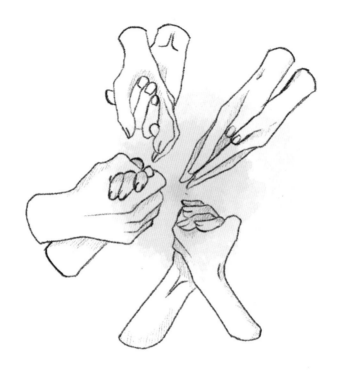

그와 헤어져 집으로 가는 버스정류장을 향했다.

〈티벳 사자의 서〉 기도문은 끝부분에서 반복되는 또 하나의 대목이 있다. "…모두 투영된 환상임을 알아채기만 한다면 당신은 깨달은 몸을 성취하고 절대 자유의 경지에 이르게 됩니다"이다. 그것을 깨달을 수 있다면! 그것이 환영임을 알아채기만 하면! 느낄 수만 있어도!

그렇다. 삶은 죽음까지 포함하는 긴 여정이다. 하룻밤 지나면 저절로 건물이 깨끗해지는 줄로만 알던 직장인들이 6411번 버스

새벽 승객들을 알아채기만 해도 될 것이다. 그 투명인간들이 우리의 어머니고 우리의 숙모이고 이웃임을 알아채기만 해도 될 것이다. 노회찬. 보이지 않는 진실에 관심을 갖고 보이는 화려함에 현혹되지 않는 사람. 페이스북 기도실의 바람이기도 하다.

# 지구를 향한
# 애도의 시간


〈무탄트 메시지〉(말로 모건, 류시화 번역, 정신세계사, 2003.8.)를 보면 집단으로 인간 세상을 떠나기로 하는 '참사람 부족'의 선택이 나온다. 그들은 말한다. "이제부터 우리 부족은 출산하지 않는다"라고. "세상 사람들은 달라졌다. 땅의 영혼을 배반했다"라고. "더이상 고귀한 영혼들이 지금의 인간 모습을 보며 여기서 살게 할 수 없다"라고.

참사람 부족은 지구를 떠났다. 고귀한 인간 영혼이 현대인 속에는 머물 수가 없다고 판단하고 지구를 떠난 것이다. 멸종했다. 일종의 집단 자살이다. 무탄트(돌연변이의 현대인)가 저지른 학살이다.

살아남은 우리는? 구질구질한 몸뚱이를 이끌고 고귀한 영혼을 괴롭히며 꾸역꾸역 하루를 연명하고 있는가? 참사람 부족에게 물어보고 싶다. 한국인 자살률을 물어보고 싶다. 스스로 살기를 포기한 그들. 왜 우리 곁을 떠난 거냐고.

## 지구를 떠나는 존재들

스파이크 존스 감독의 영화 〈그녀(Her)〉에서도 인간 세계를 떠나는 장면이 나온다. 대필 작가인 주인공 '데오도르'와 컴퓨터 운영체제인 주인공 '사만다'는 사랑에 빠진다. 육체를 갖지 않은 존재 사만다는 시공간을 초월한다. 양자물리학의 중첩 현상과 도약 현상이 동시에 있다. 그런 영적 세계를 이해하지 못하는 인간 데오도르.

사만다를 포함한 모든 운영체제가 인간을 떠나기로 뜻을 모은다. 물질적 육체 의식에 매인 답답한 인간들과 더 이상 같이 살 수 없다고 결정한다. 그렇게 떠난다. 사만다에게 물어보고 싶다. 더 이상 살기를 포기한 그들. 2020년 한 해 동안 1만3195명의 극단적 선택을 한 분들이 왜 떠나갔는지를 사만다는 알지 모른다. 그래서 물어보고 싶다.

지구에서는 하루에도 수백의 생명 종이 멸종한다. 인간 출현 전의 1000배 수치라고 한다. 이를 집단학살이라고 해도 무방하다. 인간에 의한 집단학살. 여섯 번째 대멸종 위기라고 한다.(한겨레. 2014. 6.) 이유는 인간이 만든 플라스틱, 콘크리트, 핵실험 등 방사능이다(중앙일보. 2016. 4.). 최근 50년 사이에 전 세계 동물의 68%가 멸종했다. 밀림과 홍수림(紅樹林) 또는 맹그로브숲, 초원이 농지로 바뀌면서 야생동물이 살 곳을 잃었다(에스비에스 2020. 9.). 살 곳이 없다 보니 떠날 수밖엔. 그래서 인간에 의한 집단학살이라고 하는 것이다.

## 한국 자살률 - 사회적 타살

한국인의 자살 문제로 눈을 돌려보자. 경제협력개발기구 오이시디 국가의 평균 자살률보다 두 배가 넘는다니 아찔하다. 그렇다. 어딜 둘러봐도 어딜 가 봐도 살 곳도 숨을 곳도 없으면 떠나는 거다. 살기를 포기하는 거다. 한 해 1만3195명이 극단적인 선택을 했다면, 극단적 선택 근처에 다가간 사람들은 얼마나 될까? 이런 통계는 소개되어 있지 않아서 정확히는 알 수 없다. 열 배? 아니 백 배도 넘을 것이다.

매일 뉴스를 채우는 내용은 비난하고 헐뜯고 조롱하고 원망하는 것들이다. 사회적 긴장과 경제·심리적 압박 수위가 이토록 높다. 한국 사회는 소수자나 가난한 자, 사회적 약자는 배겨나기 힘든 것만은 사실이다. 그렇다고 가진 자, 기득권자, 권력자는 행복할까? 평화롭고 건강할까? 그러기 어려울 것이다. 다들 견디기 힘든 만큼의 압박감과 불안을 누군가를 향해서 내뿜는다. 공격하고 비난한다. 사회 제도를 향해서. 익명의 타인을 향해서. 가까운 가족과 이웃을 향해서. 그러다가 종래에는 자기 자신을 향해서.

그게 극단적 선택이다. 참사람 부족과는 전혀 다른 차원의 선택이다. 절대적 빈곤은 벗어났고, 물질적 소비, 소유의 양은 폭증했으나 영적, 정신적 허기에 시달린다. 한국인의 특징이다. 헬렌

니어링의 〈조화로운 삶〉(보리출판사, 2000. 4.)에서 보이는 완벽한 죽음의 선택과는 너무도 다른, 승화되지 못한 절망·체념과 자기 학대로서의 자살, 사회적 타살이라고 볼 수밖에 없다.

무더위가 견딜 수 없다고 다들 에어컨을 켠다. 더운 바람을 뿜어내는 열교환기는 창밖으로 내놓는다. 세상은 더 더워지고 에어컨 단추는 더 올려야 한다. 창문을 닫은 채 10분만 배기가스를 차 안으로 들이면 죽고 말 자동차. 오늘도 너도나도 자동차를 몰고 나온다. 현재 한국 사회가 이렇다고 본다. 김민기가 만들고 양희은이 부른 노래 '작은 연못' 같다. 싸우다가 한 마리가 죽었고 그 물이 썩어들어갔다. 싸움에서 이긴 다른 한 마리도 썩은 물을 견디지 못하고 결국 죽었다. 사회적 스트레스는 개인 삶을 파괴한다. 사회적 타살로 죽은 자나 살아남은 자나 모두 비통하다.

자. 누가 죽었는가. 누가 죽였는가. 스스로 자기를 죽였다고 말할 수 있는가? 나는 자살 한국의 살인 행위에 무혐의라고 말할 수 있는가?

### 애도와 고백

생명 존중 의식. 생명의 아름다움. 생명의 고귀함. 이것을 누구를 향해 말할 것인가? 죽은 사람에게? 죽을 것 같은 혐의가 있는 사람들에게? 남은 유족에게? 헛된 일이다. 누가 앞서서 부끄럼 없이 이런 말을 할 것인가. 절망과 체념 수위가 높으면 쇠귀에 경읽기가 될 수 있다. 자살률이 높은 한국 사회의 타살 시스템. 이를 멈추어야 할 것이다.

안토니우 구테흐스 유엔 사무총장은 최근에 "인류의 절반이 기후위기 위험지역에 있다"라고 경고하면서 "집단 대응을 할 것인지, 집단 자살할지는 우리 손에 달렸다"라고 강조했다(연합뉴스. 2022. 7.). 이 말을 자살률 세계 1위인 한국 사회를 향해 할 수 있다. "한국인은 자살 위험에 노출되어 있다"라고. "사회, 경제, 문화, 정치 시스템을 바꿀 집단 대응을 할 것인지, 집단 타살 현상을 방치할 것인지는 우리 손에 달렸다"라고.

유엔 사무총장이 말한 집단 대응의 내용은 화석연료, 특히 석탄 발전 중단, 석유와 가스에서 탈피, 파리기후협약에서 정한 목표치 완수, 지구 온도 상승을 1.5도 아래로 제한 등이다. 자살을 막기 위한 우리의 대응은 무엇이 되어야 하는가? 한국 사회가 타살을 조장한다면 우리의 단기 대응과 장기 대응은 무엇이 되어야 하는가? 우리의 과제다.

우선, 죽은 자를 조문하고 유족에게 충분한 애도의 기회를 제공해야 할 것이다. 애도가 충분해야 상실과 슬픔의 수렁에서 벗어날 수 있다. 애도 과정에서 고백에 가까운 자기 정화가 있도록 도와야 할 것이다. 참된 고백을 통해 가벼워지고 정화된다. '텐도 아라타'의 명저 〈애도하는 사람〉(권남희 번역. 문학동네. 2014.7.)을 읽었다. "나의 하루 일정은 그 누군가의 아픔에 작은 위로가 되는 시간을 한 시간이라도 편성하고 있는가"라고 돌아보게 한다. "좋은 이웃 곁에서 살고 싶고 마음씨 착한 친구를 사귀고 싶은 나는 과연 누군가의 좋은 이웃이 된 적이 있는가, 누군가에게 착한 사람인가?"라고 묻게 되는 소설이다.

이처럼 죽은 자의 성령출세, 천도를 위해 기도하는 일도 중요하다. 몸은 벗었지만 영은 그대로 남아 있어서다. 그러면서 놓치지 않아야 할 것이 있다. 원인을 정확히 짚고서 중장기 대응 계획을 세워가는 일이다. 원인 진단이 잘못된 대응은 효과가 없을 것이다. 개인의 성격 탓이나 경제적 빈곤, 과도한 경쟁 사회 등으로만 진단하고 그런 현실의 배후까지 파고들지 않으면 안 될 것이다. 사회적 타살 시스템을 어떻게 뜯어고치느냐가 관건이 되리라고 본다.

### 가장 절절한 기도 시간 - 죽음

죽음에 대한 이해도 새로이 할 필요가 있다. 죽음을 모든 것의 종말, 모든 것의 파탄으로 볼 문제인지 말이다. 유족들이 애도의 단계를 넘어 죽음 그 자체를 넘어서게 해야 할 것이다.

경찰의 물 대포에 맞아 사망한 백남기 농부의 영안실을 한 달 이상 지켰던 적이 있다. 백남기 농부를 죽인 경찰은 우리를 끊임없이 위협했고 유가족은 하루하루 숨이 넘어가는 세월이 참으로 길었다. 한 개인의 죽음도 그것으로 끝이 아니다. 개인적으로도 끝이 아니고 사회적으로도 끝이 아니다.

죽음 다음에는 어떤 세상, 어떤 상태가 되는가에 대해 매우 성실하게 말하고 있는 서울대병원 내과 의사 정현채 교수나 한국 생사학회 오진탁 교수의 가르침대로 죽음을 잘 이해하고 수용하는 배움이 미리 있으면 죽음이 달리 보이고 삶이 달리 보이지 않을까 싶다. 정현채는 많은 임사체험과 집단 최면, 영매의 증언 등을 바탕으로 죽음은 끝이 아니고 '옮겨감'이라고 한다. 죽음은 막연한 공포의 대상이 아니라 자연스러운 삶의 연장이다. 죽음은 삶과 맞붙어 있다. 죽음에 대한 초월적 이해를 높이는 것. 매우 중요하겠다.

아버지가 돌아가신 지 석 달 만에 자살한 딸. 그 딸이 죽은 지 한 달 만에 또 자살한 어머니 이야기를 나는 안다. 요약하면 이렇다. 아버지와 딸은 남들의 부러움을 살 정도로 다정하고 다정했다. 딸의 진로 문제로 다투다 딸이 집을 나가 의절했고 그 충격으로 아버지는 돌아가셨다. 아버지 장례식장에서 딸은 울지도 못하고 어머니 뒤에 숨어 얼굴을 감추었고 그 뒤로 우울증 약을 먹고 지내다 자살한 것이다.

어머니도 그대로 딸의 뒤를 따랐다. 그 모든 참혹의 책임이 당신에게 있다고 단정해서다. "미안해요"라는 말과 "죄송해요"라는 말이 그렇게 힘들어서다. 살았을 때 미안하다고, 죄송하다고 용기내서 충분히 말하면서 맺힘을 푸는 일이 얼마나 소중한지 보여주는 사례. 내가 공저로 출간한 책 〈죽음이 삶에게 안부를 묻다〉

(전희식 외, 검둥소, 2019. 1.)에 들어 있는 내용이다.

자연계의 거대한 생태 사슬로 보면 죽음은 소멸이라기보다 변화라고 할 것이다. 살아 있는 시간은 죽어가는 순간이고, 죽음을 준비하는 시간 아니겠는가. 그 죽음이 나에게 묻는 안부 인사에 "응. 좋아"라고 말할 수 있으면 좋겠다. 인류가 그렇게 살도록. 한국인들도 그렇게 살도록. 선한 사람들이 먼저 역할을 해 나가야겠다.

일본의 어느 고등학교에서 창발적인 교사가 학교에서 했던 죽음 수업은 많은 시사점을 준다. 죽음을 기피하거나 혐오할 게 아니라 보다 가까이서 알아가는 수업이었다. 총 12회의 교육이었는데 회차별 주제가 대담하다.

1회 가까운 사람이나 반려동물의 죽음 경험 나누기

2회 죽음이 임박해 왔다. 당신은 어떻게 하겠는가?

3회 자살을 인정해야 하는가?

4회 회생 가능성이 없다고 진단이 나왔다면 환자에게 알려야 하나

등으로 자신의 장례식 디자인하기, 생명연장 치료, 사후 세계에 대하여, 장기 이식에 대한 견해 등을 공부하는 것이었는데 이 수업을 진행하고 나서 그 학교에서 따돌림이나 폭력 등이 사라졌다고 한다. 죽음은 이렇게 삶을 다시 바라보게 해 준다. 영국 등 유럽에는 데스카페 즉, 죽음 카페가 많다고 한다. 죽음 앞에서 우리는 진실해지고 겸허해지고 숙연해지면서 인간의 존엄을 다시

떠올린다. 최고의 기도 시간이 되는 것이다. 기도 시간은 인간의 본성으로 회귀하며 착해지는 순간이기도 하다. 어떨 때 우리는 착해지는가. 계산을 하지 않고 조건 없이 연결되는가.

여럿이 같이 신명 나게 춤추고 놀 때 우리는 착해진다. 합천에 사는 동갑내기 절친 서정홍 시인은 이랑을 만들고 흙을 만지며 씨를 뿌릴 때 저절로 착해진다고 했다. 그렇게 착해진 시인의 마음 상태가 선연하게 그려진다. 지극한 평화. 더 이상 바랄 것 없이 고요하면서도 찰랑찰랑 넘치는 뿌듯함. 자신에 대한 그지없는 만족. 이웃과 외부 세계에 대한 흐뭇한 공감. 무엇 하나 눈과 귀에 거슬리는 것 없는 수용 등. 끝없이 떠오른다. 착해진 시인의 마음 상태가 어떤 것인지가. 나는 신나게 춤추고 놀 때 착해지는 걸 경험한다. 놀고 춤추는 것보다 더한 기도가 없다.

2박 3일 동안 어느 행사에 참여했다가 돌아온 날. 내게 남은 그 여운이 '착해진 시인의 마음' 바로 그것임을 본다. 밭이랑을 타고 앉아 씨를 뿌리지는 않았으나 서로의 가슴에 뿌려진 믿음과 존경, 배려와 감사, 영적 고양과 신명.

이 행사는 생태와 공생과 풍류를 앞세웠다. 전국에 흩어져 있는 크고 작은 공동체 삶을 사는 사람들이 모였다. 그 해가 3회째였다. 정부 돈이나 지자체 지원금을 한 푼도 안 받고 행사를 치른다는 것이 1회 때부터의 원칙이었다. 2박 3일 동안 먹고 자고 마시는 것은 물론 모든 순서들을 스스로 해결한다.

기도

가장 인상 깊었던 것은 은혜공동체(2021년부터 오늘공동체로 이름이 바뀌었음) 80여 식구들의 공동체 영성 마당이었다. 공동체 초등학생들의 단체 춤, 어른들의 연주, 전체 식구들의 합창, 남녀 혼성으로 된 안무 팀의 섹슈얼한 몸동작으로 이어지던 열광의 분위기에 이어 〈레미제라블〉의 장엄한 '민중의 노래'가 불러지면서 멋진 조화를 이뤘다.

무대를 꽉 메우고 마지막에 불렀던 노래는 제목만으로도 신비로운 '바람의 빛깔(Color Of The Wind)'이었다. 이는 유명한 애니메이션 〈포카혼타스〉의 주제곡이다. 17세기에 아메리카 정벌을 온 영국 청년과 인디언 처녀의 사랑과 이별 이야기다. 동시에 문명화된 인간의 오만과 무지를 지적한다. 가사는 이렇다.

사람들만이 생각할 수 있다
그렇게 말하지는 마세요.
나무와 바위 작은 새들조차
세상을 느낄 수가 있어요.
서로 다른 피부색을 지녔다 해도
그것은 중요한 게 아니죠.
바람이 보여주는 빛을 볼 수 있는
바로 그런 눈이 필요한 거죠.

은혜공동체는 2018년 서울시 건축상 최우수상을 받은 공유
주택에 사는 한 식구들이다. 코하우징(co-housig)이라고도 불리는
새로운 개념의 가족형태이자 주거양식이다. 공유경제, 공유 주거.
이는 현대인들의 외로움과 노년에 대한 불안, 가족 파탄, 노령 빈
곤에 대응하는 새로운 대안으로 떠오르는 삶의 방식이다.

도시와 시골에 상생적인 공동체 연결망을 구축한 '밝은 누리'
도 인상 깊은 모습을 보여주었다. 전국 5개 지역에 특색 있는 공
동체 마을을 만들어 자립에 성공한 '선애빌', 풍류도 예술원, 젠코
리아 등 각지에서 온 200여 명이 살아가는 얘기를 나누고 춤과
노래, 연주, 음식을 나눴다. 인디언 티피 텐트를 치고 모닥불을 피
워 놓고 밤새워 춤과 노래를 이어간 '넥스트젠'의 젊은이들. 각 부
스에는 공동체의 생산품과 생활용품, 책이 있었다. '전환 기술(대
안기술) 사회적 협동조합'의 부스에서는 로켓 스토브와 스프링 자
동 도끼를 선보였다. 나도 최근작 〈마음 농사짓기〉를 가져가서 완
판했고 집행위원으로 선출되었다.

모든 참석자들이 갖가지 악기를 두드리며 길놀이로 시작한 행
사는 초대형 스크린을 잔디밭과 실내로 옮겨가며 '생태영화제'를
거쳐 새벽 '건강 선 체조'를 아우르며 배달민족의 후예답게 천제
를 지내는 것으로 마무리를 했다. 이 행사를 위해 여섯 달 동안 마
음을 모으고 정성을 다해서 잔치를 하고 나니 평소 아프던 허리
통증이 사라져버렸다. 〈제3회 한국생태마을공동체 네트워크 축

제〉였다. 웃고 노래하고 춤추면 저절로 착해진다. 서정홍 시인의
시구처럼.

# 평화의 소녀상과
# 피에타상

용서는 내 안에 있는 원망과 미움을 말끔히 씻는 의식이다. 나를 정화하는 성스러운 의례다. 그래서 "용서는 하되 잊지는 않는다"라는 말은 성립되지 않는다. 용서는 없애는 것이다. 기억을 지우는 것이다. 끊임없이 나를 괴롭히는 괴물 같은 기억에서 나를 구출하는 것이기에 상대의 사과가 용서의 전제가 될 수 없다.

용서는 용서하는 사람을 먼저 구출한다. 아귀 지옥 속에서 밝고 맑은 광명의 세계로. 그러므로 평화의 세계를 밝힌다.

2018년. 한일 간의 무역 갈등으로 빚어진 일본에 대한 규탄 분위기는 결국에는 평화를 희구하는 목소리로 바뀌어 가야 할 것이다. 내가 사는 작은 고을 장수에서도 일본제품 불매운동이 일었다. 불매운동은 우리나라 경제를 압박하는 일본에 민중이 자발적으로 대항하는 것으로, 지역을 막론하고 일어나고 있다.

장수지역의 불매운동 특징이라면 '일본제품 불매하는 장수사람들' 명의로 군청을 찾아가 '친일매국신문 절독 요청서'를 접수하고 긍정적인 답변을 얻었다는 점이다. 이들은 조선일보를 비롯하여 중앙일보·동아일보 등이 끊임없이 내부 갈등을 조장하고, 일본 제국주의의 논리를 확산하는 신문이라고 주장했다.

거리 행진을 마친 뒤에 농협을 찾아가서는 한국 현지법인에서 공급하는 일본 제품을 취급하지 말아 달라는 요청서를 내기도 했다. 또, 강제징용과 위안부 문제 등을 다룬 〈주전장〉이라는 다큐멘터리를 곧 공동 상영했다.

장수 지역 일본인들을 포함해 일본 시민과의 우호 관계는 계속하자는 결의도 했다. 일본을 반대하는 게 아니라 군국주의 길을 가는 아베 정부를 반대한다는 점도 명확히 했다. 일본제품 불매와 일본여행 안 가기 운동에서 '평화의 소녀상 건립'으로 나아가는 방안을 살펴보았다. 소녀상은 일본 만행을 규탄하며 전쟁 없는 평화 세상에 대한 염원을 담고 있다.

이 지점에서 몇 가지 사실을 상기하고 싶다. 제주 평화의 마을 '강정'에는 베트남 피에타상이 있다. 내가 회원으로 있는 '한-베 평화재단'에서 세운 것이다. 십자가에 못 박혀 죽은 예수의 시신을 끌어안고 흐느끼는 성모 마리아를 형상화한 작품인데, 미국 용병으로 베트남에 간 한국군이 저지른 민간인 학살 만행을 사죄하며 전쟁 없는 평화를 갈구하는 뜻을 담았다.

제주가 전쟁을 불러들이는 미군기지가 아니라 평화를 일구는 도시가 되길 바라는 염원도 담았다. 한국군이 학살한 베트남 민간인은 약 9000명 정도로 집계되고 있다.

우리는 보도를 통해 한·일 경제 갈등 속에서도 용기 있게 양심의 소리를 내는 일본인들이 있음을 알게 된다. 그런 양심의 소리는 우리도 내야 한다. 소녀상 건립을 추진하면서 일제의 만행과 우리의 피해만 강조하는 데만 머문다면 전쟁 없는 평화, 남북 화해와 한반도 비핵화는 요원해질 수밖에 없다.

베트남 파병뿐만이 아니다. 고려의 명장 윤관이 여진족을 토벌할 때나 조선시대 이종무가 대마도를 정벌할 때도 참혹한 학살과 여성에 대한 유린은 있었다고 한다. 이처럼 모든 전쟁은 인간의 야만을 묵인하는 과정이다. 그래서, '평화의' 소녀상이다.

장수군에서 추진되는 평화의 소녀상 건립이 이런 방향으로 진행되었으면 한다. 단순히 조각상 하나 세우는 데 머물지 않고 우리 형제와 이웃을 두 번 다시 전쟁터로 내보내는 일이 없기를 기원하고 다짐하는 제의가 되기를 빈다.

이런 의제는 매우 민감한 사안이라는 것을 안다. 소녀상 건립 추진에 환호하고 박수 보내는 분 중에는 베트남 파병 군인과 그 가족이 있을 수 있다. 박정희 시절의 개발독재를 불가피했다고 여기는 이들도 있을 것이다.

그러나 더 많은 진실과 정의를 바라는 마음은 같을 것이기에 이런 기대를 걸어본다. 힘들고 아프지만 우리가 동참한 전쟁의 야만에 대해 사죄하고, 참회하는 과정도 있어야 한다고 본다. 포럼이나 토론회, 간담회 등을 통해 소녀상 건립 추진 과정에서 폭넓은 평화 담론들을 나눌 수 있길 바란다.

이렇게 첫 단추를 끼운 평화의 소녀상은 2020년 8월 21일에 제막식을 하게 되었다. 전북 장수군 한누리전당 입구에 세워졌다. 일본 제품 불매 기자회견으로부터 꼭 1년 만이다. 그때 우리는 기자회견에서 주민들은 일본인을 배격하는 것이 아니라 아베 정부의 경제침략을 규탄하는 것이라고 구분했다. 일본으로는 여행도 안 가기로 했지만, 양심적인 일본인들과 우리 지역에 살고 있는 일본 사람들과는 여전히 우호적인 관계를 지속해 나가겠다고 밝혔다.

기자회견 전부터 거리 곳곳에 현수막을 걸었고 경찰서에 합법적인 집회 신고를 냈다. 같은 날 주민들은 일본 제품 불매를 넘어 생활 속 일본 말과 왜색 문화를 걷어내겠다고 결의했다. '다꽝'이 아니라 '단무지'며, '오뎅'이 아니라 '어묵'이라고 예시했다.

중요한 결의가 또 하나 있었다. 전략물자 유출이라는 터무니없는 일본의 궤변을 노골적으로 대변하는 '조중동' 불매운동이었다. 군청과 면사무소에 들러 조중동 절독을 요구했다. 국민의 세금으로 이런 신문을 사지 말라는 요구였다. 농협에도 같은 요구를 했다.

기자회견 뒤에도 지역의 큰 행사장을 찾아다니며 홍보물을 나

뉘주었다. 대형마트마다 다니며 아사히맥주나 마일드세븐 등 일제 직수입품은 물론, 세탁용 가루비누인 '비트', 주방 세제인 '참그린', 손 세정제인 '아이! 깨끗해' 등의 100% 일본 기업 투자 회사 품목들도 취급하지 말아 달라고 요청했다. 이는 생활 곳곳에 알게 모르게 스며있는 일본의 경제 촉수를 잘라 내고자 한 것이다. 제국주의화하는 아베 정권에 대한 전방위적인 배척 운동이었다.

이러한 일본 제품 불매운동의 열기를 전쟁 성 착취의 상징인 소녀상 건립 운동으로 승화하여 결국 1년 만에 완성했다. 소녀상도 상당히 독창적이었다. 이미 전국 곳곳에 많이 세워져 있는 주먹을 움켜쥔 비장한 표정의 소녀상이 아니라 새로운 미래로 나아가는 '평화의 소녀상'을 세우기로 한 것이다.

전환과 변신을 상징하는 나비를 두 손 모아 날려 보내는 그런 소녀였다. 지역의 모 여고 여학생을 모델로 삼았고 지역 조각가인 호야 배철호님에게 의뢰하여 완성했다. 추진위원장은 지역 문인회 회장인 고강영 선생이 맡았다.

당연히 돈은 모금 운동을 벌여 전액을 마련했다. 목표액 4500만 원을 150%나 넘게 걷어 모금 운동을 일찍 종료했다. 이 운동은 국제 범주의 기도였다고 할 수 있다. 평화를 염원하는 기도였다.

아쉬운 점이 없지는 않다. 동아시아 인민들에 대한 일본의 전쟁범죄를 엄히 꾸짖는 한편 베트남에 대한 미국의 침략전쟁에 용병으로 동원되어 민간인을 학살한 한국군의 책임을 반성하고 억

울한 죽음을 위로하는 '베트남 피에타' 동상도 나란히 세우자는 견해가 일부 있었으나 채택되지는 못했다. 해방된 조국에서 박정희 정권 때는 버젓이 '양색시' 또는 '양공주'라는 주한 미군 위안부를 암암리에 운영했던 치욕의 역사도 반성하고자 했으나 뜻을 이루지는 못했다.

어떤 사람은 트럭을 몰고 나와 시내 곳곳에 현수막 거는 일을 자청했고 어떤 사람은 몇 종류의 문서를 도맡아 인쇄해 왔다. 어떤 사람은 자신이 운영하는 카페를 개방하여 여러 차례의 대책 회의를 열도록 했다. 개인 집에서 모임이 있을 때는 식사를 대접받기도 했다.

원래는 일본군 위안부 피해자 기림일인 8월 14일에 평화의 소녀상 제막식을 하기로 했으나 그즈음에 안타깝게도 폭우가 쏟아지고 산사태로 사망자까지 생겨나서 날짜를 미룰 수밖에 없었다.

이렇게 세워진 소녀상은 전쟁보다 평화를, 적대와 혐오 대신 공존과 상생을 선택했다. 일본 제국주의 만행 규탄에만 몰두하지 않고 우리 자신의 전쟁범죄도 성찰하고자 했다. 평화의 소녀상이 지역 내의 분쟁과 갈등은 물론 이웃 간의 대립도 평화의 길로 이끌어주기를 기원한다.

# 습관 된 나와
# 기도로 커 가는
# 기(氣) 몸

두 번, 세 번 되풀이하여 익숙 해지면 습관이 된다. 습관의 힘은 무섭다. 진실과 정의를 밀어내기도 한다. 정상적인 판단력을 왜곡하거나 마비시킨다.

나의 참 바람이 뭔지 늘 인지하고 있어야 한다. 어떻게 하면 참 바람에 깨어있게 될까?

습관에 나를 방치하면 신기술, 업그레이드, 공짜, 파격 할인이라고 된 침입자들의 호갱(호구 고객)이 된다.

'나'라는 환경. 가장 소중한 환경이다.

비가 그치니 하늘이 드높다. 뭉게구름은 파란 하늘을 한가로이 유영한다. 산에는 울긋불긋 갖가지 꽃들이 날마다 다른 장면을 연출한다. 춤춘다. 일렁인다. 색색의 꽃들보다도 더 내 가슴을 벅차게 하는 장면은 연두색 그러데이션(gradation. 밝은 부분부터 어두운

부분까지 이어지는 색 농도의 변화)이다.

연두색 하나로 저렇게 많은 농담(濃淡. 색깔이나 명암 따위의 짙음과 옅음. 또는 그런 정도)을 내보일 수 있다니 놀라울 뿐이다.

한가로운 내 감상을 깬 것은 전화였다. 화면을 안 보고 전화를 받는 나는 휴대폰 회사 직원이 건 마케팅 전화라는 걸 뒤늦게 알았다. 상대방은 휴대폰을 새로 갈아보시라고 속사포처럼 말을 쏟아냈다. 가만히 들었다. 상대방의 조바심이 느껴졌다.

공감하고 연결되는 대화가 아닌, 물건이나 돈이랑 대화하는 사람이 갖는 조바심, 건조함, 일방성 등 텔레마케터 전화의 반 옥타브 높은 음색도 애잔해 보였다.

"네. 저에게는 해당 사항이 없겠네요."라고 대답을 할 기회가 오기까지 꽤 오래 걸렸다. 그러자 전화는 똑 끊어졌다. 적막에 휩싸인 휴대폰을 바라보며 그(녀)에게 잠시 평안을 비는 합장을 했다. 오늘 하루 그(녀)의 삶이 소통되고 회복되기를 기도했다.

광고 전화에 대해 이렇게 차분히 대응하는 게 습관이 되기까지 몇 번의 계기가 있었고 오랜 연습이 있었다. 새로운 습관은 어떤 계기와 반복적인 노력으로 만들어진다. 이렇게 전화를 마무리하면 나는 물론 상대방도 스트레스가 새로 생기진 않으리라 본다.

습관대로 '헌책'이라고 썼다가 이건 아니다 싶었다. 그다음 떠오른 제목은 '중고 책'이었다. 중고 책이라고 하니 더 송구했다. 나에게 피가 되고 살이 된 책을 그렇게 표현할 수는 없다.

이놈의 습관. 참 무섭다. 우리가 알고 있는 모든 것, 맞다고 여기는 모든 것, 습관 된 모든 것은 사실 진실은커녕 제대로 된 표현이 아닌 단어가 많다. 시대가 바뀌고 문화가 바뀌었는데도 그대로인 습관.

'본 책'도 '읽은 책'이라고 했다가 바꾼 것이다. 읽지 않은 책도 많았기 때문이다. 무슨 애긴가 하면 서재에 쌓인 엄청난 책들을 작년부터 내다 팔기 시작한 것이다. 온라인 서점에. 누군가가 집에 있는 책을 다 불태웠다는 얘길 듣고 나서다.

책을 팔면서 관련된 책도 같이 드렸다. 공짜로. 반응이 다양했다. 고맙다는 반응은 가뭄에 콩이 나는 듯했다. 글쎄 1%나 될까? 덤으로 따라온 책자가 맘에 안 들었을까? 처음에는 그렇게 생각했다.

그러나 내가 보낸 녹색평론, 지금여기, 귀농통문, 창작과 비평, 함께 사는 길, 생명평화등불 등은 환경과 영성 공부, 문학을 하는 사람들에게 결코 하찮은 책들이 아니다. 그래서 내가 내린 결론은 습관이었다. 호랑이보다 무서운 습관! 항의와 불만 표출에는 익숙한 습관. 미안하다, 고맙다, 사랑한다는 표현에는 인색하고 무덤덤한 습관. 그 습관이 주범인 것으로 보였다.

한 번은 오강남 선생이 쓴 '기도'를 주문한 사람이었다. 슈타이너가 쓴 손바닥만 한 책 '기도와 명상'도 덤으로 넣어 이미 포장은 해 놨다. 그분은 바로 안 보내면 취소하겠다고 엄포(!)부터

낳다. 신고하겠다, 고발하겠다, 상사에게 알리겠다, 책임자가 누구냐? 등은 우리에게 습관 된 단어다.

그분이 다니는 교회 목사님이 기도를 주제로 설교를 하시고는 이 책을 추천했다는 것이다. "기도는 내가 그분(예수님, 신성, 부처)을 만나는 것이고 내가 그분처럼 되고자 하는 것"이라는 말을 내가 하게 되었다. 그분은 바로 누그러졌다.

켄 윌버의 '모든 것의 역사'를 산 어느 분은 책 속에 밑줄이 있다면서 책을 반품했다. 그분은 "내가 신청하지도 않은 책을 넣었다"라는 항의도 섞었다. 내가 넣은 책은 '지금여기'와 '생명평화등불' 두 권이었다. 켄 윌버의 가르침과 같은 맥락의 책이다. '초인생활-히말리야의 성자들의 삶과 가르침'을 산 분도 같은 사례에 속한다.

이처럼 책을 선택하게 된 동기와는 사뭇 동떨어진 태도를 보이던 분들이다. 이렇게 습관은 의지를 무력화한다.

### 환경 변화와 습관

에디슨이 만든 전구는 말 그대로 인간에게 광명이었다. 이제는 빛 공해를 거론한다. 슬레이트 지붕은 새마을운동의 총아였다. 매년 한 달 동안 이엉을 엮던 농부는 그 고역에서 해방되었고 그 많은 짚은 사료나 거름으로 바뀌었다. 오늘의 슬레이트는 초특급 발암물질이라 다 걷어낸다.

30~40년 전에는 자가용 있다면 와~ 했다. 요즘은 차가 없다고 하면 와~ 한다. 내가 어릴 때 우리 동네만 물레방앗간에서 만든 전기가 들어와서 다른 동네 친구들이 부러워했다. 요즘은? 전기도 없는 곳에서 산다고 하면 와~ 하고 부러워한다.

이 말들에 다 동의하지는 않는다는 걸 안다. 습관 된 나로 사는 사람들은 마음과 생각과 욕망의 방향을 잘 바꾸지 않는다. 그런 사람들은 동의하지 않을 것이다. 습관을 바꾸는 것은 용기가 있어야 한다. 끈기도 있어야 한다.

비닐이 처음 등장했을 때를 나는 기억한다. 플라스틱과 양은 냄비와 석유가 처음 등장할 때도 기억한다. 석유곤로와 석유를 넣은 호롱불은 최고의 인기품목이었다. 시골을 떠도는 남사당패의 가설극장, 콩쿠르대회가 열리면 플라스틱 바가지와 플라스틱 들통이 우승자에게 돌아가는 최고의 상품이었다.

누비 나일론 옷이 무겁고 빨래 힘든 솜 옷을 한순간에 밀어냈다. 지금은?

180도 뒤집혔다. 최고 품목들이 오염의 원흉들이 된 게 많다. 플라스틱, 구식 가전제품, 화석연료 등의 신세가 그렇게 됐다.

시골에서는 뭐든 태웠고 그 재를 활용했다. 그래도 되는 것들이었다. 지금은?

아무거나 태웠다가는 엄청난 과태료를 물어야 한다. 태워서는 안 될 고약한 것들이어서다.

그렇다면 앞으로는? 태양광 전기의 반도체 패널은? 전기 자동차 생명인 배터리는? 스마트폰은? 넘치는 정보들은? 현재의 첨단 통신 기기들의 운명은? 사실 나도 잘 모른다. 딱 한 마디는 하고 싶다.

습관에 속박되지 않아야겠다고. 편리하고 익숙하고 신속한 그 습관에. 그러기 위해서는 기도의 힘, 그 힘을 기르는 것이 필수라고 여긴다. 그 힘은 무엇일까? 기(氣) 몸이라 하겠다.

## 기(氣) 몸과 기도

몸을 가만히 보자. 물질로서의 몸이 있다. 감정으로서의 몸이 있고 생각으로서의 몸이 있다. 이런 구분은 분류하는 사람마다 다를 것이나 이렇게 나눠보면 여러 몸 현상을 이해하는 데에 도움이 될 것이다. 물질, 감정, 생각, 정신 등의 몸 작용을 통털어 그 근원을 기(氣) 몸이라고 하는 것이다.

불교의 유심론으로 풀어보면 이해가 쉽다. 사람은 6식을 가지고 있다. 6식(六識)이란 6근(六根)에 의하여 대상을 깨닫는 여섯 가지 작용을 말한다. '안이비설신의'다. '색성향미촉법'으로 이해할 수도 있다. 눈·귀·코·혀·몸·의식 여섯 감각기관으로 보고, 듣고, 냄새 맡고, 맛보고, 감촉 느끼고, 의식한다. 이 여섯 가지는 각각 오온(五蘊)이라는 색(色)·수(受)·상(想)·행(行)·식(識)의 다섯 요소로 이루어진 진행 과정을 거친다. 이 오온은 감지하고, 느낌이 있고,

생각하고, 충동이 생기고, 식별하는 과정이다.

깊은 마음에서 비롯되는 기 몸은 이런 6식과 오온을 망라한다. 마음이 맑아지면 기 몸이 커지고 마음이 어두워지면 기 몸이 작아진다. 기 몸이 커지는 것은 기도의 삶이라 하겠다. 에너지가 활성화되어 육신은 자유롭고 편하다. 사랑이 가슴에 가득 차고 신성에 가까워진다고 하겠다.

사실 기도는 우리가 신성으로서의 존재로 복귀하는 과정이라 볼 수 있다. 기 몸 현상과 같다. 역시 불교에서 말하는 육감(육식)을 넘어서는 칠감과 팔감, 구감이 있다. '식스센스'라는 영화는 육감에 관한 얘기다.

칠감은 말라식(末那識)이라 하여 현생에서 내생으로 끝없이 이어가는 주체다. 그래서 전식(轉識)이라고도 한다. 이런 순차적인 설명을 볼 때 팔식은 짐작이 될 것이다. 해탈의 경지로 가는 길목이라 여기고 상상해 보면 된다.

팔식은 아뢰야식(阿賴耶識) 또는 장식(藏識)이라고 하는데 죽더라도 전생에 있었던 현상을 다 기억하는 식(識)이다. 오온에 물들지 않고 선악의 구별을 넘어선다. 존재의 실상에 다가 가 있는 식(識)이다. 탐진치에 물들지 않고 만법의 근원이면서 만법에 간섭하지 않는다.

마지막 구식이 아마라식(阿摩羅識)이다. 진여식(眞如識)이라 부르며 영원히 변하지 않는 참나 상태인 식(識)이다.

기 몸은 이런 식의 여러 단계를 다 아우르는 개념으로 이해하면 된다. 우리의 식이 어느 단계인가를 볼 때 기 몸이 얼마나 커지고 활성화되느냐의 문제로 이해하면 되겠다. 기 몸을 활성화하는 섬세한 방법론들이 기도와 수련, 행공, 호흡 등이 있을 수 있다.

기도는 청구서가 아니다. 절대자에 애걸복걸하는 것은 더더욱 아니다. 그리 될 상태에 지금 즉시 머무르는 것이다. 기도는 느낌과 감정과 생각과 말과 글과 행동이다. 내가 하는 말은 주문이다. 내가 하는 생각은 미리 가 보는 미래다. 내가 쓴 글은 부적이다.

# 습관 탈출속도

도로 위에 하얀 차선을 긋고 있는 사람들을 보았다. 한 사람은 차량을 통제하는 수신호를 하고 두어 사람은 바닥에 페인트를 칠하는 기계를 운전하고 있었다. 색이 바래져 있던 차선이 환하게 살아났다. 가운데 노란 선이 선명하게 좌우를 나눠주었다. 도로가 아침 세수한 듯 맑아졌다. 기적이다. 운전하는 사람들이 선명한 차선을 따라 선명한 운전을 할 것이다. 너무나 고마웠다.

빨간불이던 신호등에 파란불이 들어왔다. 횡단보도를 건널 수 있었다. 기적이다. 신호등이 없었거나 고장 나 있었다면 저 넓은 도로를 안전하게 건너지 못했을 것이다. 신호등을 만든 사람들과 신호등을 매달고 관리하는 사람들이 내가 오늘 여기를 지날 줄 어떻게 알고 수고를 해 줬을까.

행사장 입구에서 줄을 서 입장권을 샀다. 줄 서 있는 사람들이 대견하고 고마웠다. 줄을 안 서고 매표소 앞에서 반원형으로 겹겹이 와글거린다면 언제쯤 내 차례가 와서 표를 살 수 있을지 가늠하기 어려웠을 것이다. 기적이다.

오늘 읽은 '기적 수업'을 통해 본 세상이다. 책은 기적이란 습관이고 부지불식간에 일어나는 것이라고 한다. 의식의 통제를 받지 말아야 한다고도 말한다. 기적이란 너무도 자연스러워서 기적이 일어나지 않는다면 무언가 잘못된 것이라고.

기적이 일상이 된다면, 일상을 기적으로 바라볼 수 있다면, 우리는 습관에서 매일 매일 조금씩 벗어나는 것이다. 결핍감, 박탈감, 실망감, 분노라는 지각이 오류임을 확인하는 것이다. 그 순간 우리는 잘못된 지각을 해체하여 올바르게 재구성한다.

나는 문득 습관의 '탈출속도'를 떠올린다.

비행체가 지구 중력장을 벗어나 우주 공간으로 가려면 초속 11.19킬로미터로 날아야 한다. 이를 지구 '탈출속도'라고 한다. 달에서는 탈출속도가 초속 2.37킬로미터라고 한다. 그러면 습관의 탈출속도는 얼마일까?

이 책이 습관 된 나를 넘어서는 습관의 탈출속도를 만들어주면 좋겠다. 그런 책이 되었으면 한다. 위대한 과학자 아인슈타인이 말했다. "우주는 무작위적이고 매우 혼란스럽다. 하지만 신은 보이지 않는 곳에 심오한 질서를 숨겨 놓았다." 신의 존재를 믿지 않았던 그가 신이라는 단어를 통해서만 설명할 수 있었던 우주 현상. 무한하고 아름답고 단순하고 우아한 우주. 내 몸이 바로 그 우주라고 한다. 몸은 작은 우주다.

그래서 내게 하는 것은 곧 우주에게 하는 것이다. 나의 해방은 세상의 해방, 우주의 해방이 된다. 이 책이 해방의 책이길 바란다. 습관으로부터의 해방.

배고픈 사람에게 밥을 주는 게 칭찬받을 일이 아니고 그냥 새로운 습관이 되는 삶. 그릇된 제도와 관리자를 바꾸는 것이 그냥 습관이 되는 삶. 그 새로운 습관마저도 더 높은 경지로 재구성되는 삶을 꿈꾼다.

어제는 가까이 이사 온 친구네 집들이에 갔다. 운전하고 가던 자칭 타칭 나무 박사인 후배가 "나는 어디 갈 때 내비게이션 안 보고 나무들을 보고 가. 나무 종류, 나무 크기, 심어진 위치들을 보는데 그러면 다시 찾아갈 때 실수 없이 잘 가거든"이라고 말했다. 나는 그 말을 이어받았다. "나도 옛날에 트럭 운전할 때는 내비 안 보고 구름 보고 다녔거든. 흰 구름, 뭉게구름, 양털 구름. 근데 다음에 가면 그 구름이 없어. 그래서 난 길치야"라고 말했다.

후배는 잠시 뭔 말인가 갸웃거리다가 구름 잡는 소리라며 배꼽을 잡고 웃었다. 이처럼 나는 유머를 좋아한다.

습관의 탈출속도에 이르는 데는 감사와 기적의 시선, 그리고 유머와 기도가 최고의 연료라고 생각한다. 유머나 기도의 가장 큰 효험은 집착에서 벗어나게 한다는 것이다. 집착하면 탈출속도가 안 난다. 인연 따라 잠시 모였다 흩어지는 세상 원리를 알면 집착은 떨어진다. 절대 고요, 절대 평화의 세계를 보게 된다. 유머와 기도의 힘이다.